講話集2

みんな救われている

五井昌久

白光出版

著　　者（1916～1980）

講話集　刊行にあたって

五井昌久先生は、昭和三十年代から昭和五十年代初めにかけて、千葉県市川市の新田道場や聖ヶ丘道場（当時）をはじめ、さまざまな場所で講話会を開かれ、人々に生きる勇気と感銘を与えてこられました。

本書は、そうした五井先生の講話のうち、機関誌や書籍に発表されていなかったものを時系列にまとめたもので、これがシリーズ第二集目となります。

お話はたいてい質問に答えてなさったもので、日常の身近な問題から、ひろく世界の平和や宇宙の問題、霊界や死後の生活のこと、永遠の生命のこと、霊性開発という本質的な問題、またご自分のことなど、極めて親切に、分かりやすく、また面白く説いてくださっています。それらを通して、人間とは何か、いかにして自由無礙の心に至れるかを知ることが出来ます。

そのような自由無礙の生き方を誰しもが出来る日を、五井先生は天界で待っておられるに違いありません。

平成二十二年四月

編集部

目次

講話集2

みんな救われている

祈りと念力は違う

（昭和34年2月）

我欲を満足させるだけの祈りは念力

ふつう一般の宗教家というものは、祈りと念力ということがわかっていない人が多い。

祈りというのは、いのちを宣言することで、自分に与えられているいのち、分霊《わけみたま》のいのちをこの世に現わす、宣《の》り出してゆくということです。祈りについて、これからだんだん詳しく申し上げますけれど、念力というのはどういうものか、というと、例えば〝商売を繁盛せしめたまえ、どうか繁盛しますように〟〝お金が入りますように〟〝自分の子どもが学校に入りますように〟〝あの憎らしい奴が死にますように〟てなことをやってしまう。自分の想念の力で、力をこめてする想いを神様や仏様に結びつける、それが祈りだとご利益宗教の人は思っているけれど、それは祈りではなく、念力なのです。自分の望みが叶うように、自分の我欲が達成されるように、という想念の力を、ただ単に神様という名前に結びつけている。それをお祈りだと思っている。

観音様や成田山へ行って、十円か五円のお賽銭をあげて、私の商売が繁盛しますように、とやってくるんでしょ。それでお祈りしてきたと思っている。そういうのが祈りだと言うのだけれど、祈りでもなんでもない。想いを満足させるだけで、念力です。

それでは魂の道を開くわけにはいかない。誠の道を悟るわけにはいかない。天照《あまて》らすまことの光を地に呼ぶわけにはいかない。

祈りというのはどういうことかというと、いのちを宣言する。いのちを宣り出す、いのちいっぱいに生きる。自分に与えられているいのちを、そのままいっぱいに生きる。それはどういうことかというと、与えられた環境、与えられた立場というものに、不平不満を言わず、その中でまっすぐにいのちを生かすことです。会社の小《こ》使《づかい》さんなら小使さんで結構、小使さんの天命をそのまま一生懸命やる。自分のいのちを生かす。それが祈りなんですよ。

神様仏様と言わなくても、自分に与えられた仕事を、生命《いのち》がけでやったら、それは祈りなんです。神社仏閣をおまいりするよりも、いのちを一生懸命生かすほうがいいんです。ところが、ただいのちを一生懸命生かす、と言って、自分の仕事を一生懸命やっているだけでは、道は開かない。目的も何もわからないと、いのちを生かすといいながらも、自我欲望が入っているわけ。

自分が生活しなきゃならない、自分の家を守らなければならない、と自分で思っているわけで、一生懸命やるのはいいけれど、神様の本源の世界に達するわけにはいかない。でもごまかしの宗教よりまだいいです。

ごまかしの宗教観念でやると、その癖がついてしまって、いつまでたっても立派になれない。むしろ唯物論者のほうがまだいい、と私は思う。何故かというと、いっぺん失敗して、壁にぶつかって、はねかえってくると、今度は本当のものになりますからね。一番悪いのはごまかしなのです。祈りのような形をして、念力ばかり使って、祈りのようにごまかしていること。そういうことをしていると本当の宗教者にはなれない。本当に魂を開くわけにはいかない。

祈りというのは自我欲望、自分の肉体を守ろうとする想い、家族を守ろうとする想い、自分の利害関係というすべての想いから発する念力というものが、なくなった時に現われてくる。本当のいのちの姿が現われてくる。

たとえば心臓があり、肺臓があり、胃腸があります。健康な時は、心臓が動いてることさえも忘れている。胃腸や肺臓が動いていることさえ忘れている。思い出す時はどこかが悪い時です。ご飯を食べながらも、胃腸にどのくらい入ったかな、栄養がどのくらい吸収されているか、そんなこと思っていない。ただ食べている。胃腸が勝手にこなしている。心臓のことを考えないけれど、心臓はちゃんと動いて、肺は呼吸している。大体、腎《じん》臓だの脾《ひ》臓だの肝臓だのなんだのって考えない。考えない時はいい時なんだ。悪くなると考え出す。

故障がない時は思い出さない。それなんですよ。いのちが障《さわ》りなく、すみやかに動いている時、いのちがそのまま生きている時というのは、病気とか健康かではなく、いのちそのままで動いている。何も考えていない。そのいのちの働きというのは、要するに肉体を活かすための生活、貧乏とか金持ちとか、地位だとか名誉だとかいう生活環境もいいんですよ。よくなるんです。

いのちがすみやかに動いていない時代が、生まれてからこの方、過去世から今日まで、たくさんあったものだから、すみやかにばかり動いていない。そのマイナス面だけが生活環境の、貧乏になったり、不幸になったり、病気にもなっている。すみやかにいのちが出しきれないい時に、マイナス面が現われるんです。それを消すのが祈りなんですよ。

消すためにどうするかというと、いのちをすみやかに動かさない、邪魔して動かさない想いを、いっぺんいのちの本源である神様、誰でも神から天からいのちが来ているのに決まっている、唯物論者でもどこからいのちが来たか、自分ではわからないけれど、どこからか来ていると思っている。私たち宗教家は、いのちの本源を神といいます。あるいは仏という。そのいのちの本源である神様に、自分の想いをすべてまかせてしまう。

心臓が動いているとも思わない、肺臓が動いているとも思わない、という想いと同じように、自分の生活環境もすべて、神様！　って神様にお返ししてしまう。神様有難うございますと思う。心臓が動いている、肺臓が動いている、胃腸が動いている、頭も動いている、どうやらこうやら食べられる、喜びもある、そういう生活環境や状態に感謝をする。

だから自分の想いをすべて、神様！　って神様の中へ返してしまう。神様を呼びさえすればいいと思うんです。頭の中で出てくる想い、ああじゃない、こうじゃない、という想いを神様の中に返して、改めて生きてゆく。そうすると、いのちが生きるということなんですよ。それがいいのりなんですよ。

想いをどの神様に返すか?

体の動き働きのことを考えれば、一番よくわかると思うんですよ。体は何も考えなくても動いている。内臓も動いている。頭でいちいち考えて動かしているわけじゃないでしょ。それと貧乏とか金持ちとか、成功とか不成功とかというものも同じことなんです。

人間、過去世に何べんも何べんも生まれ変わっておりますから、いろいろな体験を積んできて、両親の間に生まれてくるわけです。生まれてきた時には、運命は大体決まっているんです。たとえていうと、丸く決まっているか、四角く決まっているか、三角に決まっているか、しているのです。ただその四角が最大限大きい四角になって生きるか、小さい四角になって生きるか、丸が大きな丸で生きるか、小さな丸で生きるかの違いです。

たとえば総理大臣にならないことに決まっている人は、いくら総理大臣になろう、と思ってもなれない。音楽家になって、名ヴァイオリニストになりたいと思ったって、ならないことに決まっている人はならない。音楽家が大工さんになろうったって、大工さんにならないかもしれない。しかし大工さんになっても、人に使われる大工さんで終わるか、棟梁といわれ、皆を使って生きるか、それは自分の今日の働きによるんです。

いのちをすみやかに、障りなく、無礙《むげ》自在《じざい》に生かしたか生かさないかの違いは、そこに現われてくるわけですよ。いのちがすみやかに生きれば、障りなく生かせれば、肉体の人間なんて、こんなチャチじゃないんです。もっと素晴らしい人間なのだけど、それが過去世のいろんな想いが溜まっていて、業想念になって、いのちが光り輝いて、中の本心が外へ出て光り輝こうとするものを、幽体に過去世からの業想念がいっぱいつまっていて、いのちが光り輝くのを邪魔しているんです。

そこで神の子である、光り輝いている本当の姿を現わすために、大元のいのちの光の中に、いっぺん自分が入らなければならない。幽界の業想念の中に入っている意識（こうじゃない、ああじゃない、と言っているのは業想念の中に入っている意識なんですよ）を、神様の中に入れてしまう。

神様の中に入れるんだけれど、神様は人間の中にあるわけ、いのちの中にある。心臓を動かし肺臓を動かしているのは、神様の力ですからね。その中に入れたいんだけれど、どうやって自分の中に入れたらいいか、わからないでしょ。自分の中にある神様に入れたいんだけれど、入れにくいですよ。「わが本心よ、わが本心よ、我が本心なる神よ」と言ってもいいんです。だけどピンと来ないでしょ。ふつうの人にはピンと来ない。

そこで私が説いていることを説明しますと、大神様《おおがみさま》は中にあって外にある。神が宇宙に充満しているということは、中にもあるということです。中に入ると、直毘《なおび》——分霊《わけみたま》というようになるのです。人間の中に入ってくると、なかなか説明が難しいんだよ。

宇宙神がありますね、宇宙神というのは、いろいろな星も作り、地球も創りました。で、人間もつくり、ありとしあらゆるものは宇宙神の力で出来ているわけです。その宇宙神の力が人間界に働いた時が直霊というのです。『神と人間』に書いてあります。直霊は七つあると私が説いています。人類の大元ですね。七つの直霊はどこにあるかというと、直霊の分かれた分霊《わけみたま》の中にある。つまり人間の本心の中にある。本心、分霊をズーッと深くさぐってゆくと、直霊のところに到着する。といって肉体をいくら解剖しても出てこない。だから肉体のうちではなくて、人間のうちにある。

この肉体のうちに、分霊があったり、直霊があったりするわけではない。人間のうちと言ったって、どこに人間があるかわからないから、ともかく肉体をもって、この内にあるというわけ。言葉ではなくて、人間のうちにある、人間は肉体ばかりでなくて、幽体もあり霊体もあり神体もある。そのうちというのは肉体、幽体、霊体、神体とだんだん中に入ってゆくわけです。別の言い方をすると、波動が粗《あら》いほど外なんです。肉体が一番波動が粗く、幽体、霊体、神体とだんだん微妙になって、言葉で言えば内にある。

そういうわけで、内に分霊があり、直霊があるんだけれど、いちいち言ったって一般の人にはわからない、面倒くさくて仕方がない。そこでわかりやすく、外の神といい、そのほうがふつう一般にはわかりやすい。うしろに祖先の悟った守護霊がいて、守っていてくれる、その上に、直霊の救済の働きの面である守護神さんがいて、守っていてくださる。こういうように、三段構えに説いています。

直霊というのは、大生命から人類に与えられた生命なのです。分霊というのは、各人各人に与えられた生命なんですね。そう解釈するといいです。

各人に与えられた生命をフルに働かせてくれるのは誰か、というと守護霊であり守護神です。その守護霊守護神が応援してくれ、業想念を消してくれて、それで直霊と合体し、あるいは分霊と合体して、悟りの仏というものが出てくるわけなんです。そういうふうに出来ているんです。

だから祈る場合には〝わが本心よ〟と言っていいのだけれど、神様神様でもいいのだけれど、本心と言っても、神様と言っても漠然としてしまう。それで私は、守護霊さん、守護神さん有難うございます。というように、外側に想いをもっていかせています。

しかし外のようだけれど、実は外も内も変わりはしない。ただ言葉の綾《あや》として、内なる神よ、というよりは、外なるものに預けたほうが何かすがりやすいわけです。ところが知的なインテリの宗教研究家というのは、守護霊守護神ということをとても嫌うんですよ。外なる神というものを嫌うんです。内なる人間性というものばかり考える。それで仏教哲学を好んでいる人には、インテリが多い。何故仏教に魅力があるかというと、外に頼らないで、内なる仏、仏性というものを出そうとして、座禅したり、いろいろ修行をする、というところに魅かれている。それで禅なんかが欧米で好かれていています。

自分の力で中の仏を出す、というのですが、自分の力で、と思った時には、もう中のものとは離れている。それがわかっていない。自分自分とそうやって力んでいる自分というのは、どこにあるかというと、それは肉体の自分なんだね、肉体の自分が力んで、肉体の自分が中なる仏を出そう、神体の仏を出そうという、そういう想いでは、いつまでたっても仏は出てこない。何故かというと、肉体の自分というものよりも、霊体、神体の自分というものがズーッと上なんです。向こうのほうが百も承知、みんな知っている。神界の守護神が、あるいは霊界の守護霊が協力して、この肉体人間をつくったんだからね。肉体人間としての自分を産ませたんだからね。だから向こうさんがよく知っているんです。

向こうさんがちゃんと知っているのに、何も知らない自分のほうから引き出そう、というような高慢な考え方をしたらば、それは出てこない。何故か。この世には業想念が多すぎて、自分の想いでは肉体から幽体を通して、霊体を通って、神体までにゆく力がない、光が届かない。

たとえばアメリカの大統領にアイゼンハワーがいますね。アイゼンハワーという人は偉い人です。それであの人はクリスチャンです。聖書もよく読んでいると思うし、教会へも行ってるんでしょうね。

その聖書に何が書いてあるかというと、〝汝の下衣を取らんとする者には、上衣をも取らせよ〟〝人もし汝の右の頬を打たば、左をもむけよ〟と書いてありますね。人間は一つのいのちであり、本当の愛からゆくと、その通りです。そういう神の教えを毎日聞かされていても、下衣をとったやつに、サァ上衣も、という人はいないし、右の頬を打たれて、サァ左をも、という人もあまりいない。

ソビエトがどんな武器をつくろうと、どんなに軍備を増強しようと、核兵器の実験をしようと、向こうは向こうだ。こっちは調和なんだからそういうことはしない、というようにいけば、キリスト教精神をそのまま現わしたことになる。けどそうじゃないでしょ。アイゼンハワーだけじゃない、アメリカにはアメリカを守りたいという業想念があるから、その業想念をかぶっちゃって、アイゼンハワーだけじゃどうにもなりやしませんよ。絶対調和の教えを受けていても、いざこの世の立場になればそれは出来ないでしょ。

それと同じように、個人個人に言えば、自分の中に仏があるんだ、自分は肉体ではなくて神様の子なんだ、といくら思っても、実際場面にぶつかれば、やはり自分を守ろうとして、恨んだり憎んだりしちゃいます。十人が十人、千人が千人、万人が万人そうなるでしょう。百万人に一人くらいはいるかもしれない。上衣をとられたら下衣をも与える人があるかもしれない。良寛さんみたいな人がいますからね。百万人に一人か、千万人に一人はそういう人がいるかもしれない。百万人に一人ぐらい出来たって、それは金科玉条だ、それでいいんだ、と言ったって、一般の人には通用しませんよ。

そこで私は一般の人に通用しない教えはしないことにしている。誰にも出来る教えをするわけ。

先生、誰でも出来る教えと言うけれど、先生の教えは難しい。念力と祈りは違うんだと言っても、私たちはどうしたって自分を守りたい、自分の欲望を満足させたいんだ。自分の家を守りたいし、子どもを守りたい。子どもが学校へ上がるように祈りたいし、家庭円満で、儲かりますように、と祈りたい。

だけど先生は、念力ではダメだ、祈りというのは、想いを全部、神様に上げちゃうんだって、それは難しいじゃないですか！　という質問が出ることでしょう。

それはごもっとも。しかし神様にすべてを上げるということは、自分の想いをすべて返してしまうということは、神様からすべて与えられる、ということなのです。たとえば百万円なら百万円ほしい、と念願かけて、それが自分の手に入ったとしても、その百万円だけで終わってしまう。どこどこの学校へ上がりたい、と願って上がったって、それは上がっただけなのです。また上へ行って下《さが》っちゃうかもしれない。職業で失敗するかもしれない。恋愛で失敗するかもしれない。命がなくなるかもしれない。

みんなその場その場のお願いなんですよ。そういう癖をつけると、いつまでも業想念の中をぐるぐる廻っていて、神様の中へ入らない、永遠のいのちには到達しない。そうすると祈りと念力の間をつなぐものがなくてはならない。そこに守護霊守護神というものが出てくるんです。

あなた方がどうこう思わなくても、あなた方にこの世においての天命を完うさせるために、神様があなた方を産んでいるんだから。そして神様の守護の力が守護霊となり守護神となって守っているんだから、いつも守護霊さん守護神さん有難うございます、と言っていれば、何々を与え給え与え給えと小きざみに細かく言わなくたって、なくてはならないものは皆与えてくれるんだ。神様のほうではみな知っているんだから、いつも守護霊さん守護神さん有難うございますと言っていなさい、と言っているのです。

そこにもう一つ、消えてゆく姿という教えが入ってくる。守護霊さん守護神さん有難うございますと言っても、妬みの心も出てくれれば、念力的な想いも出てくる。こわいという想いも出てくる。でもそれはみんな現われては消えてゆく姿、みんな消えてゆく姿、守護霊さん守護神さん有難うございます、と言ってみんな神様（守護霊、守護神）に想いを持っていきなさい、と教えるでしょ。それがもっと拡がってゆくと、世界平和の祈りになってゆくのですよ。

自分の想い、自分の生活などに、恐怖する想い、自分の癖をいやだという想い、人を嫌がる想い、すべてこの世の悪というもの、不幸というものを認めようとする想い、そういう想いがあったら、やはり念力の世界になってしまうし、三界《さんがい》の業想念の中から抜けきれないから、そういう想いから自分の心が離れてゆく、自分の想いが離れてゆくことが必要です。ところが今までは離れるところがないんですよ。

右の頬を打たれたら左の頬も打たせよ、という教えはあるんですよ。肉体はない、病気はない、という教えもあるんですよ。だけど実際問題として出来ない。なかなかそこまではいかない。そこで出来る教えというのは〝消えてゆく姿〟なんです。

あなたが今、貧しい中で苦しんでいる。そういう生活も過去世の神を離れた想いが、そこに現われて消えてゆく姿なんだ。貧乏だ、不幸だという想いが頭へ出てきたら、その想いのままでいいから、守護霊さん守護神さん有難うございます。〝世界人類が平和でありますように〟……というふうに、世界平和の祈りの中にその想いを持ってっちゃう。そうすると貧乏に把われる想いがなくなる。怒りっぽい性質なら、カーッときたらそのまま〝世界人類が平和でありますように〟というふうに思いなさい。そうすると怒りっぽい性質もだんだんなくなる。そういう習慣をつけておきますと、そんなこと出来ない、と言って思っているうちに、やっているうちに出来るようになってくる。

そうすると怒りの想いが出てきても、それが処理できるようになる。世界平和の中に転進しちゃうのですよ。怒りの想いを摑まないことになる。恨みの想いが出てくる。〝世界人類が平和でありますように〟、と祈りのほうに持っていってしまうと、祈りは光、本心の光だから、神様の光だから、その中に入って消えてしまう。恐怖が出てくる。こわいこわい、とどうにもならなくなってくる。そういう時に、〝世界人類が平和でありますように〟と、祈りの中に持ってってしまう。こわい時には、〝世界平和〟じゃ間に合わない時がある。そうしたら世界平和の祈りを提唱している五井先生がここにいますから、五井先生！　と思っちゃえばいい。想いつづけると、短い時間でその恐怖が消えてゆきます。

消えてゆく姿は無理のない教え

私の教えているものは、すべてやさしく想いをなくさせるのです。この世を暗くしている想い、自分のいのちの輝きを遮《さえぎ》っている想い、あるいは人類に障っている想い、そういう想いは何かというと、自分を守りたい、人より自分が偉くなりたい、得をしようという想い、個人の場合も国の場合も同じです。そういう想いを一先ず神様にお返しして、神様のほうから、自分の天命が完うできるように、日本なら日本の天命が完うできるように、そうしたい、というのが私の念願です。

そうすると個人の祈りでありながら、日本の祈りであり、世界の祈りになってくるのですよ。そういうのを祈りという。

家内安全、商売繁盛をやっているのは、ただ単なる個人の我欲でしょ。だからそんなものは長く続かない。それで不安がなくならない。観音様や成田山へおまいりしたって、ちょっと自分の意識をごまかすだけで、不安はなくならない。地震がぐらぐらと来ればワーッと飛び出したくなっちゃう。大水が来れば逃げ出したくなっちゃう。そういうのは我欲の念力だからね。

神様がいつも守ってくれて、自分は神様の中にいるという想い、いつも世界平和の祈りをやっている想い、いつも世界平和の祈りをやっていると、光がこっちに入ってきて、自分の本心が開いているから、それだけ恐怖の想いも消える。

想いは出ることは出ますよ。あるんだから。本心をとりまいている業想念が、過去世からいっぱい溜まっている。それと人類としての業想念も過去世から溜まっているのだから、想いとしては出る。出るというのがいけないのではないのです。

ところが今までの宗教は、出ることがいけない。怒ってはいけない、短気はいけない、恨んではいけない、妬んではいけない、人の悪口を言ってはいけない……何々と思ってはいけない、といけないづくめなんだよ。息がきれちゃう。そんなことを言ったって、出来やしないんだからね。

私は江戸っ子で浅草っ子なんで、気が短いせいか、出来ない高踏的な哲学的理論をふりかざしていると、何言ってやんだいと思う。教える人が出来ないようなことを言ってもダメです。教えている人も出来るし、一般の誰でも出来ることでなければ、この末法の世を救うことは出来ない。

怒ってはいけない、と押さえたって、今度ははねかえりが大きくて、バッと爆発する。押さえたらいけません。いけないいけないと思っていると、よけい出来なくなっちゃう。行儀よくしなければいけないと思うと、よけい縮こまった変な人間になってしまう。だから「いけない」をなくさなければならない。

私は「いけない」なんて一言《こと》も言わないですよ。ああ私は短気っぽいです。ああそれはみんな消えてゆく姿、怒りたければ怒りなさい、ただし怒る時には、ああこれは消えてゆく姿と思いなさい。あなたの本当の姿じゃないんだから。あなたの業想念の姿なんだから、消えてゆく姿と思いなさい。そして世界平和の祈りの中へ、その怒りを持っていっちゃいなさい。そうすると消えてしまいます。とこうやって教えてる。だから誰も責めやしない。

夫と妻が仲悪くて、妻が夫の悪口を言ってきます。すると大概の宗教では、あなたが夫を拝まないから、お前が悪いから夫が悪いんだ、とやられるんです。子どもが不良になりました、というと、お前の教育が悪いから、とこうやられるんです。

宗教家ほどいやな者はないですよ。自分は出来もしないのに、出来るような顔をして、人ばかり責める。そんな人が自分の子どもがおかしくなった時には、あたふたとして目もあてられない。そういうように相談に来る人を責める。来た人は怒られるからますます縮こまってしまう。夫は縮こまった妻の姿なんか見ていたくないですよ。だから縮こまらせてはいけません。

私はどうするかというと、あなたの夫は悪い奴だ、そんなのは別れちゃったほうがいい、けれども、別れたんではあなたは食べられなくなるでしょ、背に腹は代えられないから、ここは一つ何か考えようじゃないか。ということでどうやるかで話をしてゆくわけね。

あなたは悪いんじゃないけれど、といっぺん言っておかないと立つ瀬がないでしょ。夫がそれは一〇〇パーセント悪い、あなたがご相談に来るということは、あなたの過去世の中にそういうものがあって、それがお返しとして来ているのだから……とだんだん話してゆく。お返しが現われて、あなたが一つ殴られれば、それだけ借金を消したんだ、二つ殴られればそれだけ消えたんだ、蹴飛ばされたら三つぐらい消えたんだ。やられるたんびに消えているんだから、何かやられたらやられただけ儲かったと思いなさい。それで世界平和の祈りへ持ってゆくわけです。

そうすると奥さんは気が楽になる。先生にあなたは悪くない、と認められたんだから、優越感を持ちますね。ともかく神様は認めてくれた、私はいいんだと、ちょっと明るくなります。明るくなった時につけこんで、こっちはますます明るくさせようと思って、やられるたびに消えてゆくんだ、さあ私がついているよ。私がこっちから祈ってやるからね、夫は必ずよくなるから、とやるでしょ。そうすると縮こまった妻が急に明るくなります。明るくなった顔をみると、夫もその明りに照らされて、殴ろうとするのをよしちゃうんです。

こっちが少し優越感を持って、先生が味方についていると思うから、愉快ですから、ちょっと明るくなった顔で夫を迎えられる。夫はブスッとしているだろうと思ったのが、案に相違してニコニコしているような明るい顔をしています。アレ、これなんだろうと思う。ちょっとおかしい気がする。それが三日四日と続くと、アレ妻がよくなった、とこう思うのですよ。

誰でも暗い顔は好きではありません。誰でも嫌いです。自分が暗い顔をしながら、人の暗いのは嫌いなものなんです。全く勝手なものです。自分が暗いことをかくすために、よけい暗い顔をして妻をいじめるんですよ。まずい下手な宗教家は、夫が暗い顔をするのは、あなたが夫の実相を拝まないから、夫が神の子だって拝まないから……とあなたが怒られちゃう。

そう言われると、人間って依怙地《いこじ》なもので、私がこんなに尽くしているのに、私が悪いわけがない、第一、神の子なんて言ったって、実相たって、酒に酔っぱらって、私を殴る奴のどこに神様があるか、拝めっこないじゃないか、とこう思うんですよ。腹の中では反発して思うんです。それでは拝もうたって拝めないでしょ。

私はうまいものだから、奥さんはいい気持ちになる。その分だけ明るい顔になる。拝みなさいなんて言うよりも、明るい気持ちにさせれば自然に、明るい感じが向こうへうつってゆく。そうすると変わったと思う。そして向こうが少し変わってくる。ああ変わったと奥さんが思って、奥さんが変わってくる。ああ変わったと思って向こうが変わってくる――しまいに業がだんだん消えてしまう。こうすると無理がないでしょ。

どんなものでもいいと思えばいい、なんて教えがあるんだね。自分の想いようで、いやなものなんかない、好きだと言えば好きになる、いいと言えばよくなる、とこう言うんです。たとえば魚を食べるにしたって、好みがあるでしょう。うまい魚とまずい魚を一緒に並べて、両方うまい、と思ったって味は違います。人間には味覚でもなんでも、すべて判断する能力があります。そういうものを無視して、なんでもかんでもいいと見ようとする。そういうことには無理があります。

夫は天で妻は地だ。夫は神の子だと思って、夫の言うことはなんでも聞け、なんていう教えもあるんですよ。夫は本当は神の子が現われてない、中にあるけれど現われてないでしょ。業の子でものを言う場合に、なんでも聞いてごらんなさい。落語のような話があるんだけれど、夫がこれから泥棒にゆく、と言ったらば、すかさず妻が風呂敷を大きいのにしますか小さいのにしますか、と聞くくらいの素直な心がなくちゃダメという。そんな話を聞いてどう思いますか。それは馬鹿と言うんです。それはどこかにごまかしがある。

間違ったことをしようと言うのに、間違ったことをさせる馬鹿がどこの世界におりますか？　間違ったことはお互いに喧嘩しないで止めさせる方法を講じなければならないでしょ。それはやはり消えてゆく姿ですよ。

間違ったことをしようとする、あるいはしてしまった、とすると、間違ったことを夫がしているけれど、あれは夫の業生が消えてゆく姿なんだ、ああ守護霊さんどうか一日も早く天命を完うせしめ給え、私の業も一緒に消えてゆくんだ、そして世界平和の祈りにまで持っていってしまう。そうすると、知らない間に、夫の業が消えてゆく、妻の業も消えてゆく。お互いの業が消えてゆくんですね。

業を現わしているのに、それはいいことだと思って、妻が一緒にやることは出来ませんよ、そういうのは宗教の教えでも何でもない。理想論を現実に無理無理にもってきている。それは無理です。

そこで私は無理のない教えを説いている。それが消えてゆく姿です。消える姿というものは、祈りにつながるのです。念力じゃないんです。思う通りになる世界だから、思えばいいんだ、なんでもいいから思うんだ、欲しいものを念ずるんだ、そうすれば欲しいものは与えられるんだ、とこう言うんです。与えられるかもしれない。しかしそれは神様が与えるんでもなんでもない。業想念の三界の中で無理無理つかんできたことであって、自分の一生において与えられるものが決まっているのに、先取りしちゃうわけです。先取りしたら、あとから何も与えられません。

与えられるものは決まっている。その中で神様がうまーく配分してくれるんですよ。それを目の前が苦しいものだから、無理無理とっちゃう。念力でどこからか引張り出してきますと、神様からもらったものではないから、今度は減ってしまう。それこそ一家心中しなければならないような責めに、追いこまれてしまうことがある。無理無理、金を念力で奪いとるような場合は、あとで必ずそのお返しが来て、奪いとった分のお金を払わなければならなくなるわけなんですよ。だから念力はダメなんです。

神様にまかせなければダメ。神様にまかせるのが祈りなんです。守護霊さん守護神さん有難うございます。すべておまかせいたします。という形ね。御心《みこころ》のままになさしめ給えとキリスト教では祈りますね。それが祈りなんですよ。世界平和を祈ることが祈りなんですよ。

世界人類のために祈る、世界人類が平和でありますように、自分の天命が完うされますように、守護霊さん守護神さん有難うございます――こういうのは無我でしょ。何を与え給え、というんじゃない。そして祈りの中へ入ってゆくと、神様のみ心なんだから、光り輝いているみ心なんだから、そのみ心の中から自分の平和が与えられるんです。世界平和の中に自分個人の平和があるんです。ですから、個人の平和が成就されると同時に、世界の平和を成就させるのが世界平和の祈りなんですよ。

世界平和の祈りの中には神々が光り輝いて働いている。この祈りは救世主がやっているのですから、救世主の大光明なんです。その大光明が世界平和の祈りとして私に説かしている。他にいろんなことを説かしているでしょうが、私には世界平和の祈りを説かしている。

その祈りの中に守護神がやがて降りてくるだろう。宇宙人が肉体と同じような形で降りてきて、宇宙科学をもって暗黒のサタンの武器を押さえるであろう、というのが私への神示なのですよ。それで私は一生懸命世界平和の祈りをやっている。

私の唱える世界平和の祈りというのは、世界人類の平和とともに、自分の家庭の平和、大調和にもなる。業想念がみな世界平和の祈りの中に入っちゃって、おのずと本心が開いてくる。本心が開くということは、自分が光になるのだから、自分の光が全面的に出るのだから、不幸などありっこない。みんな消えていってしまう。光が出るに従って、不幸はどんどん消えてゆく。

今、貧乏のドン底にあって苦しい人があるかもしれない。あるいは病気で苦しんで、死にそうな人があるかもしれない。しかし一番悪い時は、業が全部消え去ろうとして、光がパアーッと現われようとしている時なのです。冬が深くなれば春が近いんだ。冬がはんぱでは春が来ない。秋から春になることはない。四季がそういうようになっていると同じように、冬のつらい時があって、そのつらさが深ければ深いほど、冬が消え去ってゆく時期が近くなっている。本心が開きかかっているということです。それは個人もそうだし、人類もそうです。

あらゆる人類の業想念が地球の表面に浮かび上がって来て、滅亡してしまうだろうという瀬戸際に追いこまれているのに、未だに自分だけのご利益を願い、自分の国だけの利益を願ったら、自分の宗教団体だけの利益を思ったり、自分の会社だけの利益をはかったりしているだけの人が集まったら、地球はいっぺんに終わりになります。終わりになったら自分も何もないです。

だから自分ということはさて置いて、まず世界人類を戦火から救わなければならないです。それが世界平和の祈りなんです。この世界平和の祈りというのは、人類を戦火から救うと同時に、自分自身も救うのです。同時に自分の生活環境も立ち直ってゆくのですよ。何故かというと、世界平和の祈りの中には、救世主の大光明が煌々《こうこう》として輝いているのだ。

世界平和祈るは神のみ心の

ひゞきにあれば祈るたのしさ

と歌っているように、祈っている人の姿は光り輝いている。わかりますね。それは誰が見てもそうなんですよ。家内安全、商売繁盛というのは、祈りのように見えても、光っていない、業の中でうずくまっている姿です。どっちがいいかと言ったら、光り輝いているほうがいいに決まっているんです。

先生、世界平和の祈りだけでは、なんだか自分のことは一つもないような、それにつけ加えて、家内安全、商売繁盛をやっちゃいけませんでしょうか、と聞いてくる人がある。

それは結構ですよ。ただし、世界平和の祈りを先におやりなさい。家内安全も商売繁盛も自分たちの健康も、みんな祈りの中に入っているんだから、いちいちつけ加えてやらなくたっていいんです。けれどもやりたい人があったら、それは結構。あとでつけ加えてくださいよ、というわけなんです。

世界平和の祈りについて

（昭和34年2月）

神様に波長を合わせる祈り

世界平和の祈りというものは光り輝いている祈りで、これを形、名前、言葉をかえてやってもいいか、というとそうじゃないのです。

何故、世界人類が平和でありますように、と当たり前の言葉を使っているのか。私は本来歌人で詩人ですから、詩的な流れるような文章や言葉を書くのが得意なんです。だけど世界平和の祈りはそうではなく、平凡な言葉でリズム感もないし、詩的でもない。当たり前の誰にでも出来る言葉をわざわざ使っている。

誰にでも言える言葉というのは、誰も言わないんですね。〝世界人類が平和でありますように、日本が平和でありますように、私たちの天命が完うされますように〃こんな言葉は誰でも言いそうなものです。ところが私が言い出すまでは誰も言わない。面白いもんですね。

言葉の盲点というんですね。あまりやさしいから言わない。難しいような言葉でみなやっている。キリストの主の祈りなんていうのはいいですよ、けど難しい。〃み心の天の如く、地にも行なわれんことを。われらの日用の糧を今日も与え給え。我らに負債《おいめ》ある者も我らのゆるしたる如く、我らの負債をもゆるしたまえ〃これはやはりピンと来ないです。世界人類が平和でありますように、これはピンと来ます。口をきけるものなら三才の子でもやっています。それがいいのです。その言葉を通して想いが入ってくる。世界人類が……という時は、自分の想いが世界人類の大光明の中に入ってゆく。

それでこの世界平和の祈りの四行の言葉を、全部言わなければならないものではないのです。〃世界人類が平和でありますように〃だけでもいい。世界が……と言った時、寝る前に一つお祈りして寝ましょう、といって、〃世界人類が……〃グーッと寝ちゃってもいいんです。

何故そう言うかというと、世界人類の平和を祈ろうとする想いが出た時には、すでに自分の中に世界平和が漲っているからです。なぜ漲っているかというと、人間は本当の姿は神の子だから、神様と一つのもので、光り輝いているものであるからです。だから世界人類が……と波長を合わせると、ダイヤルをまわすと、パッと神様の光の中に入っちゃうんです。そういうふうにしてあるんです。そのために私がいるんですよ。ここに五井先生という肉体がいるんです。

そして皆さんが世界人類が……と思う時には、ダイヤルが合わさる。こっちは光の中に導いて入れてゆく。だから世界平和の祈りというのと、五井先生っていうのと実は同じなんです。世界人類、五井先生！　って言ったっていいんです。それでパッと波長が合うんですから。そうすると光が天まで届いて、あなた方の肉体を通って光が横にズーッとひろがってゆく。だから畏れかしこまって膝まづいて祈らなきゃならないものでもない。気楽な気楽な気持ちで祈っていればいい。

そういう時だけでもないんですが、そういう時は自分の想いというものは、業想念をぬけ出ていいます。憎らしい、恨めしい、貧乏だ病気だ、なんだかんだという想いが頭の中にある。その想いが世界人類の中に入ってゆけば、それだけ消えてゆきます。消えてゆくと同時に光が入ってくる。煩悩即菩提ということです。煩悩が出てくると、すぐ菩提心に変わってゆくというのが、世界平和の祈りなんですよ。それをよくよく噛みしめて、世界平和の祈りを祈ってゆくんですね。

世界平和に明けて、世界平和に暮れていればいいんですよ。

言葉で、世界人類が……と言わなくてもいいですよ。世界平和なんだな、世界平和の祈りなんだな、でもいい。〝天照らす真《まこと》の光地に呼ぶと我が祈り《の》言《ごと》は平和の祈り〟という歌がありますね、それでもいい。五井先生五井先生でもいい。なんでも自分の中が光に合う想いが出ていけばいいんです。そうすると、いつの間にかだんだん本心が輝いて、今まで怒りっぽい人が怒りっぽくなくなって、妬みっぽい人が妬みっぽくなくなり、愚痴を言ってた人が愚痴を言わなくなってます。おばあさん方で愚痴ばかり言ってくる人が、いつの間にか愚痴を言わなくなる。有り難がってますよ。

知らないうちに、一般の大衆が出来る祈り、それが末法の本当の宗教だと思う。むずかしいことではダメです。行者さんはいいですよ。滝にあたってもいい、山に登り、海に入ってもいい、それは結構です。やりたいんだから。やりたくない人は易しくやりたい。よくありますよ、こういう方法をやれば体が丈夫になります。なんて教わって、一回か二回かはやる。あとはもうやらない。面倒くさくなる。私もそうだったけれども、寝る前に足をのばして、腰をグーッと上げる、と胃腸のためにいいって言うんですね。毎日やるかというと毎日やらない。しまいにやらなくなっちゃう。

ところが世界平和の祈りのように、口でするものは、逆立ちするわけでもなんでもないから易しい。思うんだからこれは一番易しい。これ程やさしい方法で世界人類のために尽くせる方法はないんです。ちっとも難しくない。ところがインテリの人たちは、そんなやさしい方法で世界がよくなるわけがない、と思っている。思っているのは勝手に思っているだけ。もっと難しい何かこみ入ったことは、呪文か何か唱えなければダメだね。呪文はいつも私が唱えているんだ。

世界の平和の祈りをしていて、霊覚も何もない、神様のことも何もわからない人が、ただ世界の平和の祈りをやったって、それはダメなんですよ。ただ単なる言葉にすぎない。本当に深く思わない。

ところが私の唱えている世界平和の祈りというのは、神様のほうから救世の大光明のほうから、ここへ通ってきて、この器を通して教えているのです。神様が言う。神々が世界平和の祈りをしているんだから、神々が世界平和の祈りとして光っているのだから、お前たちは世界人類が平和……と言った時には、神々を呼んだんだ、救世主を呼んだんだ、だからお前のところに忽ち大光明がいくんだ、とこういうことになるんです。

実際、大光明がいっている人が随分あるんです。霊能者が見ているんです。皆、光り輝いているのですよ。世界平和の祈りをしていれば、自分は光り輝いている。

病《や》める人病《や》みたるまゝに先ず祈れ

世界平和の神の祈《の》り言《ごと》

苦しかったら苦しいままで祈ればいい、悩んだら悩んだままで祈ればいい、そのままで祈ればいい。歯を磨いて、口をすすいで、きちんときれいにしてから祈らなければならないという、今までの祈り方では間に合わない。世の中は面倒くさくて、手間がかかるとそれだけでやらなくなる。手間がかからないで安直に出来る、しかも神様の中に入る、というのが末法の世の一番のやり方ですね。

守護霊守護神がお掃除してくれている

皆さん神の子です、と言われても、神様につながっているのですよ、と言われても、どうもなかなかそう思えないんですね。神様は愛だから、あなた方を決して不幸にしないんですよ、と言われても、何か不幸になるような気がするのですね。

それは何故かというと、前の世、過去世において、いろんな恐怖を味わってきている。たとえば火事で焼けて死んだ人がいるとする。生まれ変わってくるととても火事が恐かったり、地震でつぶされた人であったりすると、生まれ変わってくると、地震がとてもこわかったりする。恐怖の想いというものは、前の世、前の世から積まれている。だから、豪傑であっても、馬に蹴とばされて死んだことがあったりすると、馬がこわかったりする場合もある。

そういう恐怖の想い、業想念が溜まっていて、神の子である光を邪魔している。それで神様の子である、ということがなかなか思えないんです。神の子だ、光の子だと思うと、なんだか自分が悪いような気がしちゃうのね。そういう人は無理無理、神の子と思わなくてもいい。そういう人は守護霊守護神の中に入っちゃうんですね。それで守護霊守護神に助けられて生きる。守護霊守護神がいつでも自分を見てくれているんだから、いつも守護霊さん守護神さん有難うございます、と感謝してさえいれば、いつでも助けてくださるんだと思うことが大事ですね。

守護霊守護神も目に見えないから思えない、と思う人は〝五井先生〟と思いなさいよ。そうすると五井先生が必ず助けます。現われますよ。夢の中に現われるかもしれない。目に見えるように現われるかも知れない。どういう形で現われるか、それはその人その人によって違うけれども、呼んでいれば必ず現われます。危ない時、その人の危急存亡の時には必ず現われますよ。

この間、飯田橋の会の時、熊沢さんが体験談をなさった。熊沢さんは南朝の天皇の後裔《こうえい》ですが、お母さんが急に具合が悪くなった。一生懸命、五井先生と呼んだら、それも一家中で呼んだら、五井先生の霊体がそのまま熊沢さんにうつって、お母さんを助けた。一旦死んでしまったお母さんを助けた。しかも〝市川の五井が助ける〟と名乗って現われた場合もある。(『新しい朝』〈体験記集Ⅰ〉参照)

そういうふうに現われなくても、夢で現われて助けてくれるかもしれない。パッとなんだか感じて助けてくれるかもしれない。パッと光が見えて助けてくれるかもしれない。あるいはハッと思わず立ち止まって、自動車にひかれないということもある。そのように呼んでさえいれば必ず助かります。だから守護霊さん守護神さんと呼べない人は、五井先生って呼んだらいい。世界平和の祈りをなさりたい方は世界平和の祈りをなさったらいい。

守護霊さん守護神さん有難うございます。それが一番ピーンとくれば、それがいい。

五井先生！　が一番ピーンとくれば五井先生がいい。

神様！　ってただ神様を呼ぶのが一番ピーンとくれば、それでもいい。

どれでも一番ピーンとくる、一番自分の心が納得する想い方をしたらいいですね。どういうふうに思おうと、いつでも神様は守護霊守護神の姿として、あなた方のうしろから守っている。そしてあなた方は神様の分霊なんです。その分霊の光を出そうと思って、守護霊さん守護神さんがうしろから一生懸命、寝ても覚めても業想念をお掃除してくれているんです。

みなさん夢を見ますね、悪い夢を見たとする。すると悪いことがあるんじゃないかしら、と思う人が多いんですが、そんなことはありません。どんな悪い夢を見ても、どんないやな夢を見ても、それは過去世からの業想念が運命として表面に現われるものを、守護霊さんが夢の中で消してくれているんです。消してくれているんだから、悪い夢を見ようと、恐ろしい夢を見ようと、そんなことはちっとも心配することはない。心配で仕方なかったら、私のところに来ればいい。私がポンポンとはらって、そんなもの消してあげます。そのようにいつでも、安心立命するような想いで生きてください。

問　南無阿弥陀仏《なむあみだぶつ》とはどういう意味があるのでしょうか、教えてください。

（昭和34年3月6日）

答　南無というのは帰命《きみょう》という意味です。これは日本語じゃありません。ですから南無阿弥陀仏とは、阿弥陀仏に帰命するということです。

帰命というのは、一つになるということです。阿弥陀様の中に入るということです。もういっぺんいいます。南無阿弥陀仏というのは、阿弥陀様の中に入るということ、神様と一つになるということです。だから一向専念南無阿弥陀仏というのは、唱名を通して神様の中で、仏様の中に一つにしてしまう、想いを全託することなんです。

悪い想いがあろうとも、憎しみの想いがあろうとも、妬みの想い、怒りの想いがあろうと、なんの想いがあろうと、南無阿弥陀仏と仏様の中に入れちゃうんだ。

何故ならば、肉体の人間というものは凡夫で、何にも出来やしない。どんないい考えでも、どんな修行をしても、自分が神様、仏様と一つになることは出来ない。一つになれない自分を、全部、阿弥陀様という名前で現われている、神様の中に入れてしまおう、南無阿弥陀仏とこうやったんです。

南無阿弥陀仏の唱名によって、自分がなくなっちゃうわけです。阿弥陀様と一つになってしまう。唱えるのは知恵があろうとなかろうと、学問があろうとなかろうと、誰でも出来るものね。

それは世界平和の祈りと同じ。私は前の世で南無阿弥陀仏を、やりつづけにやっていた人なんです。だから私は南無阿弥陀仏の意味を実によく知っている。

念仏は何も西方極楽浄土でなくたっていい。南方だって東方だって構わない。人間というのは面白いものでね、一つ所に想いを集中させないと、神様は宇宙に遍満していると言っても、どこに神様がいるかわからない。遍満するなんて摑みようがない。どこか摑みたい。そこで西方極楽浄土というと、あるのかないのかわからないけれど、ありそうな気がするでしょう。西だと方角が決まります。そこで西方極楽浄土の阿弥陀様と言ったんです。

南無阿弥陀仏と言えば救ってくださるんだ、と普通の人は皆そう思った。ところが法然や親鸞はもっと上に行っている。守護神と阿弥陀様、いわゆる宇宙神とを一つにしちゃっているんです。それで南無阿弥陀仏と言ったんです。

私の場合は、ここに居ます。そうすると五井先生を通した世界平和の祈りでしょう。五井昌久という肉体がいる間は、いつでも誰でも、世界平和を祈る時は知らないうちに、五井先生を思う。法然や親鸞がいた時は、人々はああ法然上人ナムアミダブツとやったに違いない。ああ親鸞上人ナムアミダブツとやったに違いない。法然のことが思い出され、親鸞のことが思い出されてナムアミダブツとやったわけですね。そうすると、親鸞が一つの器になって、親鸞を通してアミダ様にゆく。法然を通してアミダ様に行ったんです。

それが法然や親鸞がいなくなったあと、よほど上根《じょうこん》の人でないと、そこまでいかなかった。ただ自分のご利益のために、何か悪いことしてはナムアミダブツ。泥棒してはナムアミダブツとやってるのがあるんだ。泥棒しても何にしても、ナムアミダブツと唱えれば助かると思った。弟子たちの教え方がまずかったわけね。

私の場合はそれを世界平和の祈りにした。世界平和の祈りのほうが、アミダ様を思うよりも広いし、何か意義があるでしょう。ナムアミダブツというのは、自分だけが救われそうなんだね。自分だけは助かるけれども、世界のためにはなんでもないでしょう。もっとも、法然、親鸞の頃には世界なんてなかったからね。日本だけでしょう。だから狭《せま》い。だから自分だけ救われる教えでもよかった。

今は自分が救われることと、世界が救われることと同じなんだから。自分だけが救われたってしょうがないんだね。世界の波が押し寄せてくるからね。それで自分が救われると同時に、世界人類が救われなればならない。そうすると、世界人類の平和を願う祈りが一番でしょう。

そうすると世界人類が救われる祈りは、神様のみ心なんです。アミダ様のみ心なんです。キリストのみ心なんです。大日如来のみ心なんです。お釈迦様のみ心なんです。すべての神様のみ心、つまり大神様のみ心ですよね。

そこで世界平和の祈りという乗り物に乗って、自分が神の子になり、神の子の光を一瞬にしてこの地球界にふりまくわけです。

世界人類が平和でありますように、という時は、自分が神様の中に飛び込んでいて、同時に光が自分の体を通して、この地球にまかれているわけ、横に拡がってゆくわけなんです。

だからいつも世界平和の祈りをしている時は、世界人類のために自分は働いているんです。社会主義運動をしているよりも、右翼思想の活動をしているよりも、世界平和の祈りをしている人のほうが、よっぽどこの世界のために働いているんです。

八十のおばあさんでも、九十のおじいさんでも、病人でも子どもでも、みんな世界平和の祈りをしている時には、世界人類のために働いているんです。光明を地球界にふりまいているわけです。

恨みの想いが出たら、妬みの想いが出たら、また自分のほうがよくても、自分の心を乱すような想いが出たら、みんな世界平和の祈りの中にお返ししちゃって、世界平和の大光明で消してもらうんです。そうすれば、自分がこの世に生きていることが、世界人類のためになる。

業想念ばかり出して、それを消さないでいれば、自分は人類のマイナスになっているわけです。ああ消えてゆく姿だな、すべては消えてゆく姿だ、世界人類が平和でありますように、という時には、自分は世界人類のためのプラスの役目をしている、と思ってください。

世界平和の祈りは神のみ心

（昭和34年3月26日）

塚本清子さんの体験記

〈注〉五井先生のお話が始まる前に、塚本清子さんの体験発表があった。録音がお話の途中からされていたが、充分意味が通じるので、ここにそのまま掲載する。

塚本清子さん談

「個人指導の時、先生が〝今日は病気が治る秘訣を教えてあげましょう。三つの約束が出来ますか？〟とおっしゃいましたから〝ハイ、先生のおっしゃることなら、なんでも約束できます〟とお答えしました。私は夢であっても、先生のことなら一〇〇パーセント信じ、一〇〇パーセント言うことを聞き、大変素直なんです。

〝あなたは患部を触って、こんなに大きくなって、一体どこまで大きくなるんだろうか、と心配ばかりしている。だからいけない。明日から絶対に患部に触ってはいけない。それが一つ。

二つ目は私がお浄めで病気の想いを消してあげても、あなたは病気だ病気だ、と家に帰ると思う。私は病気だからいつ頃死ぬのかな、とカレンダーを見れば、私の命日はいつかなと思い、先生が消せば、そばから病気だ病気だと思っている。それではいくら消しても限りがない。もう明日から、決して病気だと思っちゃいけない。

三つ目は、あなたはあと一ヵ月で死ぬか、三ヵ月で死ぬか、と思っているけれど、人のいのちは神よりほかに知らない。丈夫で歩いている人だってあと五分後のいのちかもわからない。今夜にも自動車にはねられたり、ガス中毒で死ぬかもわからない。そうかと言って、今、寝ている人が十年二十年生きるかもわからない。

だから、もう今日一日のいのちだ、と思って、半年後だの三ヵ月後だのと考えることは絶対やめなさい。

あなたは今日一日、夜までだと思いなさい〟

先生に言われて、約束しますと申し上げました。そうしたら翌日から、何か皮がむけたような気がして、花も星もみなきれい、犬も猫も子どもたちもなんて可愛いんだろう、と思えるようになりました。何か仕事をするんでも病気なんて思わないんです。晩までのいのちなんだから、一生懸命やろう、という気になりました。

病気ということを思うな、とおっしゃっても、私は病気の前半をある宗教団体に、後半を先生のところにご厄介になって、その想い方の教えの違いがあって、それこそ病気のことを忘れるひまがないくらいだったのが、先生のお浄めによって、私はすっかり病気を忘れてしまったのです。

そして世の中がなんて美しいんだろう、と思って、葉書一つ書くにしても、あの人から来たこれが最後だな、と思って見てくれると思うと、本当にいい加減なことは書けない。道ゆく人にただ挨拶するだけでも、あの人昨日会ったのに、もう死んじゃったの。昨日はつんつんしてたわねェ、なんて言われたんじゃいやですから、ねんごろに丁寧に心をこめてお辞儀をするんですす。子どもたちも叱れないんですね。夕べまでお母さん、あんなにプンプン怒ってたのに、今朝のびちゃって、いい気味だなんて言われたらしょうがないから（笑）子どもを絶対叱らないんです。

本当に世の中、今日一日だと思ったら、楽しくて嬉しくて、病気どころじゃないんですね。それで五井先生のお浄めには、体がたまに痛くても、先生のところに一足でも近くよって死ぬんなら死のう、最後のお浄めをしていただいて死のう、と思って通っていたんです。

そしたら一昨年四月の初め頃、夢を見ました。気がついたら顔に白い布がかかっているんです。ああこれは死んじゃったのかな、と思って（笑）白い布の間からちょっと見ますと、左右にお医者さん一人と看護婦さん、向こうに看護婦さんが大勢いらっしゃる。これはどうも手術されるようだ、と思ったんです。手術されたら治るかも知れないと思っておりましたら、大変いい匂いのものを鼻のところに当てられました。それっきりわからなくなってしまい、翌朝目が覚めたわけです。

六月二十八日頃、頭が痛くて目が廻って、家がぐるぐる廻って寝ておりましたら、上から下から、吐いたり下したり大変だったのです。四日間ばかり、何も口にしないで、苦しくて痛くて寝たきりでおりました。ああそうだ、五井先生にお願いしてみよう、とお腹に手を当ててみた。四日も頂かないのですから、洗面器の底みたいにぺちゃぺちゃなんです。そしたらおにぎりがないんです。こんなに大きな握り拳《こぶし》より大きな固まりがあったのが、なくなっちゃっているんです。どこをさがしてもないんです。しばらく呆然としておりました。

これは一番に先生にお礼申し上げなきゃ、と思ったんですけれど、治ったこともまた忘れてしまい、今日まで先生にお礼申し上げるのを忘れてまして、どうも申し訳ございません（爆笑）。

私は五井先生をよく夢で見ます。夢の先生は大変こわいですけれど、この世の先生は大変お優しい。夢の先生はいや応なしに来てくださるものですから、逃げるわけにはいかないです。コーヒーなら高貴な香りの高い苦い純粋のものであるけれど、この世の先生は、ミルクをまぜたり、お砂糖をまぜたり飲みよくしてくださるから、皆さんこんなにたくさんいらっしゃるんです。

夢の中の先生は大きな目玉で、眼鏡をかけていらっしゃらないせいか、とってもこわいんですね。

そして守護霊さんですが、ポツポツ頭の中にささやいてくださるんです。お風呂に入ってぼんやりして、世界平和のお祈りなどしてますと『電球を見てごらん。空気中に電気が充ち満ちていても、電球がなかったら光を現わすことが出来ない。それと同じように、あなたたちの身体がなくては、神様のみ心を現わすことが出来ない。だから輝く夜のネオンをうらやましがらないで、たとえ2ワットの電球であろうとも、精一杯神様のみ心を現わし、神様のお力をこの世に現わすようにしなさい。あなたは2ワットの電球でも、一生懸命光ればいいんだよ』てことをささやいてくださるんです。

そうかと思うと、道を歩いていますと、

『あのクズ屋さんとあなたは同じなんだよ。いっぱいリヤカーに積んでいるように、あなたは背中にたくさん業を背負っている。それが見えたら先生の前なんかとても出られないくらい恥ずかしいほどたくさん業を積んでいる。

それを先生がしきりやさんじゃないけれど、ポンポンとお浄めして、その業を光に替えてくださるんだよ』ということを、声じゃないんですけれど、教えてくださるんです。それは確かに守護霊様じゃないかと思います。私はやはり小さい時から、神様神様とすがりついておりましたから、私を守っていてくださる神様があるんだな、と思っていました。

斎藤秀雄さん（元白光真宏会事務局長、副理事長）のおっしゃった全託手帳を、私もいつも頂いているようで、考えてみると時には半託《はんたく》になったり、執着手帳になったりしています。ですから専《もっぱ》ら、全託全託、すべて何もかも全部先生におまかせしてゆくことにしております。

夢の中の先生は叱るばかりではなく、時々面白いことをおっしゃったり、見せてくださいます。この間も、掌《てのひら》の上に玉をころころ転《ころ》がしていらっしゃるから、宝珠《ほうじゅ》の玉かと思ってみてましたところ、紫や緑や大変きれいに光って、くるくる廻っているんです。そしたら先生ちょっとおひげをはずして、玉を一生懸命磨いていらっしゃるんですね。ああ先生のおひげはああいうことに役立つんだ、とよく見ておりました。その玉は地球なんです。掌にコロコロころがして、地球を磨いていらっしゃるんです。ほこりを一生懸命払っている。そしたらポッとおひげをまたつけた。

あれから先生のおひげを一寸《ちょっと》ひっぱってみたくなっちゃう（笑）。昔よく子どもに、どうして先生おひげをつけていらっしゃるの、と聞かれますと、おひげつけていらっしゃれば立派でしょう。だって猫だって犬だってひげがあるよ、と言われて困ったんですけど、先生鼠をとるためのおひげじゃないですけど、やっぱり地球を磨くために（爆笑）、はじめて先生のおひげのお役の立ち方がわかったのです。

いろいろ私は面白い不思議な有り難い夢を見るんです。この間も、朝ぼらけのような薄明りの中に、鐘つき堂があり、大きな鐘がある。たくさんの方々が次々と上ってきては、つついていってしまう方もあれば、小さな棒を持ってきて、コンコン叩いていってしまう方もある。そうかと思うと、一生懸命撞木《しゅもく》を握っていい音を出して叩いている方もあるんです。

あれが（鐘が）五井先生だよ。指先きで一寸突っついて鳴らない、と行ってしまう人もあるし、いのちがけで鳴らしてゆく人もある。鐘が鳴らないんじゃない。お前たちが鳴らさないんだよ。自分の鳴らしただけのものが返ってくるんだよ。おかげがないと膨《ふく》れっ面《つら》しても、それは自分の鳴らし方が悪いんだ――というふうに守護霊様でしょうに、いつも説明者がつくんです。霊界のようなきれいな所へ連れて行っていただいて、一つ一つ丁寧に説明してくださる。地獄へ行ってもやっぱり説明してくださる。私はそういうようによく夢を見ます。

私は今まで病気のほうで、息をつくひまもないくらい、厳しいご修行ではございましたけれど、五井先生！　と申し上げると、今でも有り難くて有り難くて涙が出るほど有り難いんです。

私は霊的でもなんでもない、平々凡々な家庭の主婦で、毎日仕事着を着て働いている人間が、どうしてこんなおかげを頂いたのかと思いますけれど、それはただ一筋に、もうひたすらひたすら先生を一〇〇パーセント信じたところにあるんじゃないかと思うんでございます。

皆様もどうぞ世界平和のお祈りをご熱心にお続けになりながら、たくさんのおかげを頂いてくださいますように。ご拝聴有難うございました」。

あの人はずるいですよ。あんなにうまくしゃべれるのに、私はダメです、私は無口ですって、今まで少しもしゃべらなかった。とうとう今日は引っ張り出されてお話しした。

守護霊さんが塚本さんをしゃべらせている。塚本さんは面白い人で、あたり前の主婦なんです。ご主人は学校の先生、あたり前の家庭で、霊的なところが一つもない普通の人です。

私がいつも言いますね。あたり前の日常生活をして、少しも常識から外れない。それでいて霊的な力を持っている、そういう人が一番いいと私は思うんです。はたに迷惑をかけないし、自分もつらくないし、しかし病気のほうではつらかったですね。いろいろと修行しないと、本物にならないけれど、気の優しい、とてもいい人です。それで感じるんですね。

お父さんはもう亡くなられて、五井先生五井先生で亡くなり、亡くなった時から天国へ行っている。高い所へ行っている。そのお父さんとそっくりな性質なんです。

塚本さんのお子さんが学校の帰りに、ちょっとエスケープして映画を見に行こうか、と思った。塚本さんはかまどに火をくべながら、「迎えに行け」、そして「この道を行け」というように出てくるわけ（声ではない）。それで矢もたてもたまらず、そこへ行きたくなり、道が二つに別れていたけれど、行けという道を行ったら、パタッと子どもと会う。そこでポンと小言を言った。お母さんはこわい、なんでも見抜いている、なんでも知っている、というふうに子どもさんが思って、それ以来、そういう振舞いは絶対にしなくなった、という霊的体験が無数にある。

夢でもみんな正夢ですね。鐘の話なんか面白いです。あの通りです。言ったこと全部本当なんです。

実際、話はうまかったね。自然に言うからいい。うまく話そうと思うと話が出来ないし、すべて守護霊さんにまかせ守護神さんにまかせ、五井先生にまかせてあれば、しゃべっていいことをスースーしゃべる。話をするんでも、仕事をするんでも、あまり自分があってはいけませんね。自分の想いがあるのは業想念、思慮分別というんです。なんかうまくしゃべろうとか、どうしゃべろうとか、というのはない。ただ計画はしなければならない。ここからここまでを話そうと計画しておいて、あとは出たら出たで、そのまま話せばいい。

本当の霊感とは

皆さんは自分では霊的ではない、自分は何もわからない、と思っている人が随分あります。けど、霊的でない人は一人もいないんです。何故いないかというと、みんな霊魂が肉体という器を使って働いているのですから、霊的でない人はいないわけです。

ただ霊的なものが本心から発現するのか、守護霊守護神とつながって発現するのか、あるいは変な迷いものが憑いて現われてくるのか、と違いがあります。塚本さんの場合はおのずから自然に、霊的なものが発現して、ああいう形になったんですね。

夢の先生ばかり好かれて、肉体の先生はいらないと言われちゃ困るから、肉体の先生は優しいから分《ぶ》がいいです。向こうは本当にこわい時がある。というのは直霊です。まともに言いますからこわいです。お酢も砂糖もバターもつけないで、生のままで食わせますからね。お前これ食え、とやられますからね。まぁそれくらいでないとね。向こうが優しくて、こっちがこわいんでは、こっちは嫌われて、もういらないなんてことになったら、私が立つ瀬がない。そこはうまく出来ているんです。

神様のやることはなかなかうまいんです。向こうと、器のほうも守っている私と緊密な関係を常にとっている。みんなもそうなんです。

自分だけここにいると思ったら、間違いなんですよ。肉体にいる自分と、神界霊界にいる自分があるんです。誰にも彼にもみんなあるんです。だけどそれを発現していないだけ。本当の姿を出してないのですよ。出していないから、自分の本体がわからない。しかし、守護霊さん守護神さんといって、いつも感謝している人は、守護霊の力が働いて、行きたくなかったり、何か感じて危ないことを未然に防いだりすることは随分あるんです。

私なんかの場合は、全部が全部、神様の中に入っちゃって、直霊とこちらの分霊とが一つになった。親子が一つになった。こちらが子どもとすれば直霊は親なんです。親子の関係です。おじいさんと子どもという感じの縦の関係です。守護霊さん守護神さん有難うございます。という時、守護霊さんともくっつく、分霊ともくっつく、守護神とも直霊ともくっつく。四体全部が一つになってしまう。そうすると本当の霊覚者ということになる。そうすれば呑気《のんき》なもんですよ。冗談ばかり言ってりゃいいんですからね。

仕事はそのうちちゃんと出来てきて、みな浄まってゆくのでしょう。柏手を叩くんでも、三拍四拍叩こうなんて思ったことはない。今日は強く叩いて見せようとも思わないし、今日面倒くさいから止めておこう、と思ったこともないし、なんにも思いやしない。

天から要するに太陽の光が、パッと光ってくるのと同じなんです。この肉体が仮にあって、姿が見えず、なんにもないところから、ポンと音が聞こえたら、「お前は」なんて言われたんでは困るでしょう。やっぱり顔がないといけない。顔見世にこうやって出ている。

眼鏡を外せばこういう顔なんです（眼鏡を外す）。夢の先生は眼鏡をかけてない。私も外したり、かけたりする。こういう顔なんです。

イエスさんもこういう顔です。大体似ている顔だちです。お釈迦さんもこういう顔立ち。仏像は完全円満相というものを形どって、円満の丸い顔になっています。

しかし大体、霊覚者の人はこういう顔をしています。仙骨といいますね。おでこがこんなに広くなって、イエスさんもお釈迦さんも本当はそんな形なんです。丸くて肉づきがよい、と言ってもいいけれど、だけども私のような顔が多い。まんまるに肥った仙人なんていない。霊的な修行を長い間やっていると、どうしてもだんだんけずられてゆくんでしょうね。大体、向こうの先生もこういう顔で現われてくる。

肉体界から神界といっても、幽界、霊界、神界と説明してますが、その間にたくさん層があるんです。月が波にいくつも映っているように、本体がいくつもいくつも映っているんです。本体が映っているんだけど、真っ直ぐに映っているのではなく、いろいろな波で切れぎれに映りますね。月でも太陽でもチリヂリに映って、本当の形がわからないようなものです。

ところが波がない、要するに業想念がなくて、静かに不動の心でもって澄んでいる人は、丸いものはそのまま丸く映るんです。そうすると、月というものは丸いものだな、光り輝いているもんだな、ということになる。それを私たちは知っているわけです。イエスさんもお釈迦さんも知っているわけです。自分の体験でわかる。

本当の霊感というのは、声が聞こえてくるというのもあります。ただ幻聴というものではありません。とにかくスッとわかる。自分では声がちゃんと聞こえる形です。耳許《みみもと》でガチャガチャ騒ぐのではない。中なんです。いろいろな知らせ方がありまして、声もなんにも聞こえない、姿も見えないでパッとわかる。それからパッとしゃべらせられるのもある。中で鳴りひびくのもある。

いろいろあるけれど、守護霊さん守護神さん有難うございます、世界人類が平和でありますように、とやっていると、自然におのずからわかる。自然法爾《じねんほうに》にわかる。それは不思議なものですよ。皆さんも世界平和の祈りをずっと続けてごらんなさい。五井先生っていつもやっててごらんなさい。もうはっきりわかりますから。しかも日常生活の邪魔にならない方法でわかります。

日常生活を邪魔する修行はなかなか難しい。よほど夫なら夫、妻や子が理解しない限り、たとえ後に偉くなるにしても大変ですね。私の修行方法というのが、そうやってきたから、なるたけ日常生活に邪魔にならないように、あれは狂っているんではないか、と言われないように、あたり前のしとやかな奥さんで「お早うございます」「お早うございます」とやっていて、それで知らないうちに霊的になって、霊覚者になるような、そういう方法をやっているわけなんです。

特殊な人はどうしても一応派手な霊修行をしなければならない人もあります。それは特殊な人で、出来る限りそうさせないつもりでいるのです。ですから皆さん安心してください。変にはさせませんから。安心して世界平和の祈りをし、五井先生！　と言っていると、守護霊守護神さんがちゃんと働いて、うまくやってくれます。

でもこういうこともあります。何時《なんじ》に誰かと会わなければいけない、と会う仕度をしていたけれど、どうしても行かせないような場合もあるんですよ。お腹が急に痛くなって行かれない場合もあるでしょう。またはどうしても気が進まないで行かれない場合もあるでしょう。そういう場合は、守護霊さんが止めているんです。

会ってはいけない場合は会わせないように、会わなければいけないような場合は自然に会わせるような、そういうことを守護霊さん守護神さんがすべてやってくれるんです。神界、霊界の仕組みというのはそれは大《たい》したものですよ。

ここに人間が一人いるでしょう。そうすると守護霊さんがぴっちりと周りをかこっています。正守護霊さん副守護霊さん、いろんな祖先の悟った人たちが、その一人のために取りまいて、本心を発現するように、本心が開発するように、いつもいつもたゆみなく、眠っている間も守っているんです。ああそれなのにそれなのにわからない人が多い。わかってもわからなくても、守護霊さんはあらゆる手段を尽くして守ってくれますよ。

だからいつも守護霊さん有難うございます、守護神さん有難うございますと思っていれば、いっそう守護霊さんは守りやすい。

人間は完全円満でも……

私の神様は、心が悪い者をつくったおぼえがない、と言うのです。わしはお前たちを完全円満につくったんだ、悪いものなんか絶対にない、と言うんですよ。勝手にお前たちが摑んで離さないだけであって、悪いものはない、みんな消えてゆく姿である、というわけです。

人間は神の子である、物質はない、とある宗教団体でもそう言います。病気もないと言う。ないといっても今度は、お前の心が悪い、と言うんでしょう。どっからその心が出てくるの？　いいと言ったら言い放しにしなきゃダメだね。いいと言ったり、悪いと言ったりでは、どっちがいいんだかわからない。だからいいならいいで、神の子一点ばりでゆきましょう。人間神の子完全円満の一点ばりでゆくんです。ところが一点ばりでゆくと、この世はあまりにも神の子じゃなさすぎる。亀の子よりもっとひどいや（笑）。この世は本当に闘争の世界です。

一家でも嫁姑は大体拝み合っちゃいない。やな母さんだ、仕様がないハイ（笑）。

大概そうですよ。嫁さんをほめている姑さんは、千人に一人ぐらいだ。ちょっとほめるかも知れない。お宅の嫁さんいい嫁さんですね。ええまあネ、しかしあの子はこうで、一寸悪いことを言う。何か一つぐらい言わないと気がすまない。身におぼえがあるでしょう（笑）。

心からまるまる嫁さんをほめ、心から姑さんをほめるというのは、よほど縁の深い良縁で結ばれた人だけです。大体この世は浄めの世界ですから、業を消してゆく世界だから、こすり合いこすり合いながら消してゆく。そういう世界だから、完全円満に合う人はいないのです。夫と妻もそうです。完全に一〇〇パーセントというのはないのです。大概どこかズレてます。ズレるところが味噌なんだ。あんまり仲が良すぎたら修行にならない。毎日毎日が春のようにポカポカしていてごらんなさい。仕事にならないでしょう。風が吹いたり雨が降ったりがあるんで、勇気が出てきたり、勇猛心が起こったり、働こうという意欲が起こったりするんです。だから雨が降るのもいいし、風が吹くのもいい。適当にあるほうがいいでしょう。

それと同じように、夫婦の生活でも、姑さんと嫁さんの生活でも、適当な波の中でお互いに修行するんです。ああ姑さんを怒らせちゃった、夫を怒らせちゃった、どこが悪かったろう、と一通り思いますわね。そして、ああこれは消えてゆく姿だった。自分の業も向こうの業も消える姿だった、神様有難うございます、と言って、世界平和の祈りの中に入ってゆく。そうするとあったものが縁にふれて出て消えてゆく、悪いことがマイナスがかえって縁にふれて、パッと神様の中に入ってゆくわけ。

あんまりいい生活をしていると、神様を思わない。私には何にもお願いすることありませんから、ってよく聞くでしょう。うちは皆健康ですし、お金も充分にあるし、なんにも神様に伺うことはありません、てそういうのありますよね。

神様というのは何か悪いことが出たら頼まなきゃなんない、と思っている。そういう考え方をみんなしているけど、そうじゃない。神様は良いことがあろうと、なかろうと、いつも感謝していなければいけない。何故かというと、神様のいのちを貰って生きているんだからね。一番の資本家だよ。資本主が金を出してくれた、金よりもっと大事なもの、金を生み出す原料をくれているんだから、どんな悪いことがあろうとなかろうと、神様有難うございます、というのは当たり前でしょう。それを悪いことがあって助けてもらった時、はじめて神様有難うございますと思う。そうじゃなければわからないように出来ているんだね、また。

そうじゃなきゃ宗教家はいらなくなっちゃう。本当は宗教家なんてのは、なくなってしまわなきゃだめよ。宗教家なんかなくなった世界が、はじめて本当の世界でね、宗教家がいるようじゃ本当の世界ではない。

世界が本当に平和になり、一家が平和になるような、人間の心がいつも神様と一つになっているような、そういう世界なら私はいらないもの。姿が見えなくたっていい、向こうで有難う、ああよしよし。向こうで楽でいい。わざわざ電車にのって歩いてきて、こうやって話さなくたっていい（笑）。しかしこれも役目です。皆さんがまだ本当に悟ってくれないから、私がここに生きている存在価値がある。皆さんに悟られたら帰らなきゃならない。まだ四、五十年悟らないでください（笑）。
人間はここに修行に来ながら、浄めながら、しかも世界を平和にしてゆく、神様のみ心を現わすことを、同時にするためにここに来ている。十字交叉の真中にいる。縦の使命は神の使命、横は自分の業生、過去世の業を消すためにここに来ている。消しているうちに、縦の神様のみ心が現われてくる。その一番いい方法は何かというと、世界平和の祈りなんだ。

世界平和の祈りは救世の大光明

塚本清子さんに代わって私がいいますけれど、あの人がお腹のもの（しこり）がまだなくならない頃、八幡の葛飾八幡宮の境内を通りかかった。神様にご挨拶しなければならないので、神社の前に行って、世界平和の祈りをした。そしたら体がスーッと透き通ってしまった。なんともいえない良い気持ちになった。それで、八幡様、どうぞ五井先生の世界平和の祈りの助太刀をしてください、という祈りをしたわけです。

そして石段を降りようとした時に、そこに易者のお婆さんがいて「奥さん一寸お待ちください」と呼び止められた。「どうかあなたの手相を見せてくれ」というわけ。「今、子どもがいますから」と言って断った。そうしたら「あなたはなんの宗教をやってますか。あなたのうしろには、なんともいえない光明燦然たる神様がついていらっしゃる」って言うんですって。

塚本さんが「それは守護神さんでしょう。それは誰にでもついていらっしゃるんですよ、うちの先生は教えてくださる」と説明した。

「いやそういう単なる守護神さんじゃない。私なんか見たこともない大光明だ」とこう言うんです。「ああそうですか」そのまま帰ってきちゃったという体験があるんです。

霊眼の開いたおばあさんですね。どうしてそうやってみせたか、というと、神様が塚本さんに自信を与えるために、わざわざうちの信者さんでない人から言わせるんですね。それは本当のことなんです。

世界平和の祈りをした時は、自分はもう大光明なんです。なぜ大光明になるかというと、世界平和の祈りというものが大光明なんです。救世の大光明と私が書きますね、なぜ救世主と書かないのか、救世主というと、一つの人間にみえるんですよ。そういう観念がある。救世の大光明というと、パアッとひろがった光で、誰にでもゆく。そこがなかなかうまいところなんだ。智恵者なんだ。

救世主というとおかしいと反感を抱かれます。救世の大光明といえば誰も反感を抱かないでしょう。わざわざ人に反感を抱かせるようなことをしなくてもいいでしょう。救世主が私に働いている、と言ったっていいんですよ。でも、他の宗教の人が、なんだ自分ばかり救世主救世主って思うでしょう。救世の大光明ならどこへでも働くんだからね。

どういうところにまず働くかというと、世界平和の祈りをしたところに働く。一番楽に働けるのは、〝世界人類が平和でありますように〟、という唱え言です。どうして楽に来るかというと、私が世界平和の祈りとつながっているから、救世の大光明と私がつながっているから。この唱え言をすれば救世の大光明が燦々と輝く、という大神様との約束になっているから、そこへ働いてくるわけです。

塚本さんが世界平和の祈りをしたら、救世の大光明が輝いたのは間違いありません。塚本さんばかりではありません。あなた方全部がそうなんです。全部が救世の大光明で輝くのです。だからいつも平和の祈りをしている時は、ああ自分は光に包まれているんだ、と思っていいんです。本当にそうなんだから。観念論じゃないんですよ。自己催眠でもないんです。本当に光り輝くんです。

世界平和の祈りを祈りながら歩いている時は、その人がマイナスになることは絶対にないんです。たとえば祈りながら財布をすられた場合、もっと大きな損失を、すられたということで、僅かなことで防いでいるんです。大難を小難ですましてくれていることなんです。何故かというと、神々が守り給うているんだから。

救世の大光明の中にはお釈迦さんもいれば、キリストさんもいれば、みんないるんです。世界人類を平和にしよう、と思っているんだから。地球が平和になるということは、ひいては宇宙世界が平和になることなんです。地球が一つ狂って地球が欠けて飛んでしまったりすれば、やっぱり宇宙の運行が乱れるんです。だから地球が欠けて飛んじゃったら困ります。そこで私たちがいつも言う宇宙人が助太刀に来ているんです。その宇宙人も救世の大光明の中に入っている。だから宇宙の大光明が地球世界を救おうと思って、救世の大光明として働いてきているんです。それで私のところへ来ている。

救世の大光明と波長を合わせるために、世界平和の祈りをする。寝ても覚めても唱名念仏すべきものなり、と同じように、南無阿弥陀仏のように世界平和の祈りをやっていりゃいいんですよ。塚本さんがお話しした鐘と同じです。そんなことで大丈夫かな、鳴るかな、と指でトントンと叩いたって鳴りゃしません。一寸ぐらい叩いたって鳴りません。鐘を鳴らす秘訣は、ガーンとやるよりしょうがない。〝世界人類が……〟とやれば、そこへ光明が来る。それは声を大きくしたり、気張って言うという意味ではありません。想いを祈りの中に入れることなんです。

この肉体の世界は想いで出来ているんです。幽界も想いで出来ているから、想いが神様の中に入っていれば、神様がここに現われる。そんなこと当たり前のこと。

電車に乗っている。前のこっちには乞食のような人が座っている。こっちには妙齢の美人が座っている。こっちにはお婆さんが座っている。自分が見たいほうを見ればいい。想いの通りにそこに目がいく。乞食の人を見たかったら、見ればいい。汚いなりしているな、ああ俺のほうがまだましだと満足すりゃあ、それを見ればいい。美人のほうを見たけりゃ、ああなんて世にも美しい人がいるもんだ、得をした、と見てればいいでしょう。お婆さんを見たければお婆さんを見ればいい。それは自分の好き好きよ。人間は自由を許されている。自分の見る自由、思う自由は許されるんですよ。思うほうを見ればいいですよ。

だから神様が好きで、自分は本当に幸福になりたい。自分が本当に世界平和の役に立ちたい人は、神様のほうを見ればいいでしょう。世界平和の祈りのほうを見ればいいわけですよ。そこに神様がいるに決まっている。

世界を平和にするんだ、地上天国をつくるというのは、神様のみ心だから、神様のみ心の中に入ればいいでしょう。楽なことですよ。実にやさしいことを教えてくれたもんです。うちの神様は偉いもんだ。本当に簡単なんだから。

〝世界人類が平和でありますように〟、それだけやれば、いつでも神様の中に入っていられるでしょう。滝に当たって修行することもなければ、山に籠って何かすることもなければ、断食することもなければ、なんにもしなくていいんです。洗濯しながらでいいんだから、たくあん刻みながらでいいんだから、子どものおしめを取り替えながらでもいいんだから。子どもはよくなります、おしめの中に世界平和が入っちゃう（笑）。

いつでも出来ます。坐ってやらなきゃなんないものでなし、どうやったっていい。滝に当たるのは家の中では出来ないでしょう。やっぱり滝のところまで行かなくちゃならない。山へ登るといったって、遠くへ行かなくっちゃならない。行きたいのは山々ですが（笑）。

人間てのは面白いんですよ。修行したくてしょうがない人があるんです。しなくてもいい、と私が言ってもしたい人がいる。実はどこどこの山へ行きたい、という。お浄めに行かなくたっていい。世界平和の祈りをしていればいい、と私が言うんです。世界平和は神のみ心なんだから、どこへいったって、世界平和の祈りをしていれば山へ行くよりいい、と言っても、どうしても行かなきゃ気がすまない。

ひまを使って、金を使って、会社を休んで行くんでしょう。それだけマイナスになります。そうでしょう。家の人だってあまりいい気持ちしないでしょう。お詣りばっかりしている人がありますよ。家のことをなんにもしない。それは遊びに行くんだ。物見遊山だ。そんなのは信仰じゃない。自分勝手です。

本当の信仰というのは、寝ても覚めても、神様のみ心の中にいることですよ。

病気で長患いをしているとすれば、寝たまま世界平和の祈りをしていればいい。そうすれば、体は寝ているけれども、想いは心は神様のみ心の中にいるでしょう。

そうしたら神と一体ですよね。だからいつも想いを神様の中に置いておくことですよ。神様神様神様！　有難うございます、と言ってもいいんですよ。しかしもっと具体的な世界平和の祈りがあるから、その祈りをすればいいのです。それで咄嗟《とっさ》の場合、苦しい時、先生！　と言えばいいんだからね。そうすると先生が現われます。

いつも言いますけれど、肉体にいるのは子ども。神様直霊の子どもです。五井先生って皆さんが言っている五井先生は、神様方が集まった大光明の総称なんです。自由自在なる絶対なる力、無限なる力を持っている。だから地球をおひげで磨けるのですよ。

この肉体は出張所、本店は向こうにありましてね、本店までみんないけないんだから出張所に通ってやる、と向こうから出てくる。まず全託手帳を私に出してください。私が向こうにやりますから、五井先生として現われている神様というのは、やっぱりこうなんだね。

こういう五井先生という別のものがあるわけじゃない。これ個人はないんです。

個人は三十才ぐらいの時、向こうへやってしまってなくなった。それでここにあるものは、個人じゃない。大光明の中心の器なんです。これをスーッと通ってゆくだけ。それだから、五井先生！　と言って思うと、ここを通って神様にゆく。それは一瞬ですからね。

五井先生！　と思う人はこの顔を思い出しますね。ひげを思い出すもんね。皆さんだってそうなるんですよ。

皆さんが本当に世界平和の祈りをしている時は、五井先生は皆さんとともにある。一緒になっています。そうすると五井先生の力がそこに出てくるんです。そういうもんなんですよ。五井先生という名前で皆さんに現われている神は救世の大光明なんです。他にまたなんとかという名前で現われている大光明もあるかもしれない。今のところはっきりわからない。皆さんは世界平和の祈りをしていればいい。一番楽です。これほど楽な教えは今までないんじゃないかと思います。

それは時期が来たからです。時期が丁度いい時期になったのです。

呑気な心境になるといい

ある宗教団体では「病気なし」と言うでしょう。しかし病気なしと思えるような心境にさせてくれなきゃいけない。自分だけでなれるもんじゃないですよ。たとえば神経痛があるとする。痛い。それを「ないんだないんだ」といくら言われてもあります。ガンの固まりがあるとする。固まりなんかないんだないんだと言っても、ありますよね。それは自分で消せるわけじゃない。

消してくれる力がなければならない。消してくれる力は、五井先生のここから出てくる（パンと柏手を打つ）そうすると消えるんです。そうすると、自分でだんだん病気だ、という観念が知らぬ間になくなってくるのです。知らないうちに世界平和の祈りだけになってしまう。

今の塚本さんの一番いいところは、あの世に行くならば、あの世から霊界通信などして、自動書記の手伝いでもしようか、と呑気《のんき》なことを言っているでしょう。ああいう呑気な心境になるといいんです。

病気というのは、本当はないんです。ただ想いが現われているにすぎない。家系にガンをやった人が多いと、自分もまたガンにならなきゃならないような気がしている。そう思うでしょう。いつも思うと潜在意識に入ってゆくんです。それが知らないうちに恐怖になってゆく。その想いがガン細胞をつくってゆくわけです。

それを破るためにはどうしたらいいか。それを忘れることです。神様の中に入れれば、神様がきれいになくしてくれます。塚本さんの場合は、霊界から医者が来て治しちゃったわけです。霊界には医者がたくさんいますから、パッと手術してしまった。そういう人が大分いるんですね。知らないうちになくなっている。

死ぬべきいのちなら、ガンにならなくたって死ぬ。あっという間に死にます。それを誰が知っているかと言ったら、神様しか知らない。肉体というものは何も知らないんですよ。一秒の百分の一の先も知らない。私がこれから何を話すかまだわからないでしょう。もう終わりにするかもしれない。ただ私たちのように、霊覚になっている者はわかるんです。

なぜわかるかというと、神様のみ心の中に入っている。霊のみ心の中に入っている。向こうでは出来ているんだものね。出来上がっているのを見るんだから、楽なものですよ。あなたは死なないとわかる。死なないことになっているから。

私はあなたは死ぬ、とは言わないです。最後の最期まで生きる生きると思って、一生懸命看病するほうがいい。それは愛なんだから。死ぬと思ったらがっかりしちゃうもんね。みんな神様にまかせておく。そうすると自分でわかってきます。直感的に先が見えてきます。

先が見えてくるという時、自分の心が未熟の場合はつらいですよ。私だってつらい場合があるんですよ。たとえばある人が来る。ああ、あの人は死ぬとわかります。するとうちの主人どうでしょう、と聞かれる。「そうね一生懸命応援してあげます。世界平和の祈りをしなさい」とやります。実は死ぬんだね。死ぬことは悪いことではないけれど、この人が悲しむのが可哀そうだから、言うに言えない。死ぬ前日ぐらいになったら、教えないわけにはいかないから「先生どうでしょう」と言われたら「うむ人間はいつか死ぬ。死んでもあとは私が充分にするから、悪いところにいかないから」とお浄めをする。

それでその人は高いところへゆく。今も、向こうへ行った人が、私に話してくれ、と言うんです。「これこれこういう所に今いて、笑ってますよ」とある人に見せてやった。残念ながらみんなに見えないんだね。私だけに見えた。そういうのもある。

みんな楽々といけるんです。なぜかというと、行くべき位置が決まっているからです。世界平和の祈りをし、五井先生！　と言って生きている場合は、行く場所が決まっているんですよ。楽なもんです。行く場所が決まっているから、自分がスーッとなった時、向こうの様子がみんなわかってくる。わかってくるからこわくないでしょう。花がきれいに咲いていて、きれいな空で、きれいな人たちが居て、そういうのを見ればいい気持ちですね。夢に見たって気持ちいい。だから少しも悪い顔にならないでしょう。いい顔になる。いい顔になったままでスーッと行っちゃう、楽々とゆく。生きていても楽々、死んでも楽々、そういう生活は世界平和の祈りよりない。

私が浄めて、あるいは直接会わなくとも写真で浄めていて亡くなった人は、みんないい顔をしています。人が伝えてくるところによると、明るいいい顔をして、笑《え》みをふくんだ顔で亡くなっています。全部です。私の母親はじめ塚本さんのおじいさんもそうです。本当にいい顔をしている。ちゃんと行っているところがわかっている。

皆さんはね、まだ死ぬのに早いけどさ、いつ死んでも自分は天国に行くんだ、と思っていてください。五井先生がちゃんと座席を決めてあるんです。特等席とまでいかなくとも、上等席ぐらいはたいてい行かれるんですよ。席を取っておきますから、安心して、何があっても驚かずに、びくびくしないで世界平和の祈りをしているといいです。本当に世界平和だけです。

世界平和祈るは神のみ心の
ひゞきにあれば祈るたのしさ

という私の歌の通りです。明るく、呑気にしていてください。暗いことはいいことではありません。今までは宗教をやっている人は暗い顔が多いんです。暗い顔はいけません。暗い顔は消えてゆく姿です。落ち着いた人がありますよ。あまりしゃべらない人もあります。しかし落ち着いているのと、暗いのとは違います。落ち着いて明るい人もあります。さんざんしゃべって暗い人もあります。明るく素直な気持ちがいいです。それにはやっぱり信仰が深くないとダメです。

オレの性分《しょうぶん》だ！　ってのがよくあります。気の弱いのは私の性分です、短気は私の性分ですという。性分でもなんでもない、業です。いつもいうけれど、自分の心の平安を乱す想いは、すべて業想念、神様から離れた想いです。その平安を乱す想いと取り組んでいてはいけません。自分のほうが一〇〇パーセント理があって、向こうに全然理がなくて喧嘩をしても、心臓をバクバクさせて怒ったら、やっぱり自分が損なのです。向こうも損だけどこっちも損です。自分のほうに理屈があるから、自分のほうが正義だから怒る、というのはウソです。

こう思ってはいけない、と頭ではわかっているけれど、怒っちゃいけないと頭じゃよくわかっているけれど、焦っちゃいけないとよくわかっているけれど「しかし」と言うんだね。「しかし」という時は消えてゆく姿をつけなければいけません。しかしこれは消えてゆく姿なんですね、と消してしまわないとね。

　思ってもいい、思い出してもいい。しかし自分の心を乱す想い、平安を乱す想い、感情的な想いというものは、みんな消えてゆく姿なんですよ。あるものは神様のみ心だけでしょう。そうすると、神の子だという自分が、そのまま現われてくる。

　神の子なんです。徹頭徹尾、自分は神の子なんだということが、頭にないといけません。他のことはいらないです。少しぐらい隣の奥さんが文句言ったっていいんだ。向かいのじいさんがガミガミ言ったっていいんだ。ああみんな消えてゆく姿だなァーと思えばいい。みんな消し合って消えてゆくんだなァ、これでみんな消えてゆくと、本当の世界平和が出来るんだな、地上は天国になるんだなァと思う。ソビエトが何かやったら、消えてゆくんだな、アメリカがガチャガチャやったら、消えてゆくんだ、世界人類が平和でありますように、と平和の祈りをすればいい。救世の大光明をあまねく地球界に撒き散らせば、それでよくなるんだ、と思うんです。明けても暮れても世界平和の祈りをするんです。世界平和の祈りというのは、口で言わなくていいんですよ。目をつぶって祈らなければならない、というもんじゃないんです。歩いていてもいいんです。わざわざ口に出してやる必要はない。わざわざ口に出して、人におかしい想いをさせるような、常識外れのようなことをすることはない。心の中でやっている。

世界平和の祈りを祈っている時は、その人から光が出ています。霊能者が見たらわかります。世界平和の祈りをしながら歩いている人と、アノヤロコノヤロと言って歩いている人と、出てくるものが違う。片方は黒雲が出てきている。片方は光り輝いている。光り輝いているほうがいいに決まっているんだ。神は光なんだから。

だから世界平和の祈りを毎日毎日、朝から晩まで、死ぬまで、死んでから先までやるんですよ。他になんにもないです。あと全部消えてゆく姿。子どもが学校に入ろうと、会社がつぶれようと、みな消えてゆく姿なんだ。

神様を思った度合い、神様と自分が一つになった度合い、その度合いがすべてを決定する。どれだけ自分の中から神様が出ているか。どれだけ世界平和の想いが出ているか、それだけが自分の運命を決定するし、自分の生活を向上させるものです。自分の健康を増進させるのもそうです。すべて世界平和の祈りから出ている。

なぜならば世界平和の祈りは、神様のみ心だから。難しいことはない。これほど易しいことはない。だから楽ですよね。

力《りき》まない生き方の秘訣
——消えてゆく姿の教えはすごい——

（昭和34年4月9日）

夢でもって守護霊が消してくれる

人間の体があると、その体というものは五尺何寸と決めてかかっている人がありますす。十何貫、五尺何寸が人間であって、ほかに人間というようなものはない、というのが唯物論者の考え方です。

ところが実は、八尺も十尺も、五十尺にもひろがっている人もある。何町《ちょう》とひろがっている人もある。日本全体にひろがっている人もある。宇宙大にひろがっている人もあるわけです。

それはどういうことかといいますと、業想念の中で、自分の欲望だけで生きている人は、もう五尺何寸だけしか生きられない。自分のことだけを思っている人は、いつでもそれだけしか生きられない。ところが子どもなら子どもを思うと、子どもの分もまざって大きくなる。向かいの人のことを思い、隣の人のことを思えば、それだけ大きくなる。日本なら日本のことを思いつめて、日本だけのことしか思わないと、日本国大に大きくなる。世界人類のことを思っていれば、世界人類大に大きくなる――そういうのが人間なんです。

もっとわかりやすく言うと、肉体の自分に執われている想いが、少ないか多いかによって、その人の大きさが決まるわけです。いつも世界人類の平和を祈っている時は、その人の想いが世界人類大に、宇宙大にひろがっているから、その人は五尺何寸の人間ではない。たとえその人がしわだらけのしなびた五尺ぐらいのお婆ちゃんであっても、世界平和の祈りを祈っている時には、世界人類大にひろがっているのです。

それが私が唱えている世界平和の祈りの、一番の根本なんですよ。

自分の本体というものは神様なんだから、元は決まっているんです。神様の光であって、縦横《タテヨコ》に宇宙大にひろがっているものです。それを肉体人間の想いでもって、小さくしているわけです。五尺何寸大にしてしまっている。

それに、あいつが悪い、こいつが悪い、あいつをやっつけちゃおう、あんな憎らしいやつ死んでしまえばいいとか、自分はダメだとか、いろいろ自分をいじめたり、人をいじめたりする想いがあります。

人間が思うことは、全部録音機に録音されるように、潜在意識に録音されてしまう。

あのヤロウ憎らしい、と思ったら「憎らしい」が録音されちゃう。あの人はいい人だと思えば、「いい人」が入っちゃう。自分はダメだ、と思えば、「ダメだ」というのが入っちゃう。想いのままに入ってゆく。幽体にいっぱい詰《つ》まるわけですよ。詰まったものはグルグル廻って必ず出てくる。この録音機が廻っているように、いつでも想いは動いている。それを潜在意識といいますね。

その潜在意識の奥に霊意識があって、その奥に神様の意識があるわけです。つながっているわけです。その神様の意識、つまり光が肉体を通して発現しようとしているのを、神様なんてあるもんか、とか自分に神の力があるわけがないとか、神様助けてくれない、とかいろいろ想います。そういう想いが、折角神様の光が入ってきているのに、邪魔をしてしまうので、業想念になってしまうのです。それが幽体にグルグル廻って入ってゆく。

人を怨み、人を妬み、人をやっつけ、自分を痛め、自分を傷つける。そういう想いはみんな神様に反する想いです。マイナスの想い。それが録音機の中にズーッと入って、幽体にたまる。幽体に入ったものは必ず現われることに決まっている。これは法則だからね。

潜在意識から顕在意識に、顕在意識から潜在意識へと、グルグル廻って、現象世界に出てくるわけです。憎らしい、あいつ殴っちゃいたいと思うと、それが現象世界に現われてきて、殴られることになるんです。自分に返ってきますからね。殺しちゃいたいと思ったりすると、必ずその想いが現われてくる。

そんなことをしていたら、この世の中めちゃくちゃになっちゃうでしょう。この世に生まれてから、三十年、五十年と生きています。そういった中で、あいつはいやな奴だとか、あいつ殴りつけたい、とか思わない人はないんですよ。ああ憎らしい、と思わない人は、はじめから偉い人だから、もう話を聞かなくていいんだ（笑）。ところがそうじゃない。そんなこと一つも思わなかった人います？　いないでしょう。

それでさっき質問のあった夢の話だけれど、夢というものがなかったとすれば、思ったことがそのまま現われて、この世の中は修羅の巷《ちまた》。喧嘩し殺し合わなければならない世界になっちゃう。それではいけないというので、神様が守護神を遣わし、守護霊を遣わしている。

守護霊が、夢の中で、殴っちゃったような恰好を見せたり、人を殺したりするように見せたり、いろいろありますね。とても悪い夢がありますね、或いは犯してしまったりした夢をみたりする。それは現実ではなく夢の中なんです。現実の世界に現われてしまうことを、夢の世界で消してしまうんです。夢の中で人に恥ずかしい気がすることがあるけれど、現実の世界に現われないで、夢を見せた形で消えてしまうわけなんです。

夢でもって守護霊が消してくれるということは、大変に大変に助かることなんです。

それをつまらない学者たちが、夢の詮索をして、こういう夢を見たらこういうことになるとか、精神分析的にみて、夢というものは性欲が戯画化《ぎがか》して出ているんだ、というようなことを説いている。そんなことじゃ救いにならない。いろいろあるけれど、夢で消えてしまって、もうあなた方の潜在意識にないんですよ、とこういうふうに教えるのは私。

どんな夢もいわゆる業想念のみな消えてゆく姿、そして消してくれるのは誰かというと、守護霊なんです。夢を消す専門の守護霊がいるんです。正守護霊がやる場合もある。副守護霊がやる場合もある。大体、正守護霊が夢にして消してしまう。想いの波だから、現わせば消えるんです。

たとえばお腹がすいた、と思いますね、腹いっぱい食べてごらんなさい。もう食べたくないでしょ。何故かというと満足したから、食べたいという想いは消えちゃう。

そのように現わさなければ消えないんです。業想念というのを、夢に現わして消してくれているんです。殴りたい、殺したいほど怨みを持っている想いが、消えてしまう。夢というのはなんだかトンチンカンでしょう。サッパリわからない夢が多いんです。あきらかに見せては、その人の心にあとまで残るからね、あからさまにしないで、まとまりのない話で消してくれるんです。それでこの世の中、まあまあ平穏なんです。

夢の世界も現実の世界もつながっている。幽界霊界は夢の中の世界と同じようなものです。夢の中では、実際は五分か三分の間にみた夢が、三年も五年も、あるいは一生ぐらいの長さになっています。

それはどういうことかというと、この世の中というものは、時間も空間もないということなんです。斎藤秀雄さんなんかは、統一している世界で「これは三年たっていました」とよく言う。十分間も統一していなかったのにね。ところが本当は三年たっているかもしれない。

この世の肉体の生活の時間なんていうのは、実にいい加減なものですよ。八十の人がいる。四十の人がいる。三十の人がいる。そして同時に宗教の修行をしたとしても、八十の人は四十の人より立派かというと、そうでもない。四十の人は三十の人より立派かというと、そうじゃない。そういう肉体の人間の時間というものは、あまりあてになりませんね。

たかだか三十年生きても、四十年生きても、八十年生きた人より、九十年生きた人より立派な場合があります。それはどういうことかというと、前の世のこともあるけれど、一つのことに真剣にいのちをかけた、いのちを生かした時間が本当の時間なんですね。だから八十年生きても、九十年生きても、いのちを生かさないで、ただ自分のことだけ、自分の肉体の幸せだけを願っていると、想いもいのちも生きていない。五尺何寸これだけの大きさしか生きていない。それだけの世界しか動いていない。

ところが、あの人が幸せになりますように、この人も幸せになりますように、世界が幸せになりますように、といつも思っている人は、それだけ宇宙大にひろがっています。

私なら私が生きているとすると、私は世界人類のことしか思っていないから、いつでも世界人類大に拡がっています。時間にすれば、ふつうの人の時間の、何十万倍、何百万倍というように生きているわけです。現象の生活では、四十年としても、実際には何億万年かわからないくらい生きている。そういうのを時間というのです。

いのちが生きた、いのちを生かしたということは、少しでも人のためになったか、ならなかったかということになります。

いのちが時間なんですよ。だからただ長生きしただけではしょうがない。人の世話になり通しで、人に迷惑ばかりかけて長生きしたって、それは生きたことにならないでしょう。

たとえ八十なり九十なりになって、孫の世話になっている。五十から世話になり通しだという人もあります。それだけじゃ本当はダメなんだ。九十でもいい、八十でもいい、人に世話になっている病人でも、寝たままでもいい、仕事をしないままでもいい。それで世界人類の平和を願い、世界平和の祈りの中に入っちゃうんですよ。世界平和の祈りの中に飛び込みます。そうすると、飛び込んだ時から、世界平和のいのちだからね。世界平和の祈りというのは神様のみ心だから、宇宙大の中に入っちゃうんですよ。

すると、今まで八十年、なんにも生きていない、いのちを生かさない、なんにもしなかった人でも、世界平和の祈りの中に飛び込むと、その日から宇宙大に生きることになります。八十から一年生きたとしても、一年間、世界平和の祈りの中に入っているでしょう。今までがゼロとしても、八十才から人生はうんとひろがる。普通に働いて、いくらか人のために尽くして死んだ、という人よりも、ズッと大きく運命もひらいて、いのちが生きてくるわけです。そうすると、あの世に往《い》きましても自由に働ける。自由に生きられる。

言い換えますと、この世の中で、いのちをとても生かしていた、フルに生かしていた人は、あの世に往っても自由自在になれるんですよ。

この世でもって、つまんないことに把われて、ちょっとしたことでクチャクチャ言っている人があります。そんなこと言わなくたっていいだろうなァ、と思うことをほじくり返している人があります。自分で型にはめてしまっている。

敷居を踏んだら、親の頭を踏んだと同じとか、私も随分、親に叱られたことがあるんだけど、どうして敷居と親の頭と関係あるのか、随分考えたけど未だにわからない（笑）。そんなの踏んだっていいじゃないですか。自分の型にはめて、これでなければならない、こうしなればいけない、って決めちゃっているでしょう。だから範囲が狭い、自分で自分を縮めてしまうんです。

自分で決めた範囲から出られないんですよ。それで他人のことに腹が立って、忿《ふん》懣《まん》で忿懣でやる方がない。どこに誰が得するでしょう。自分がイライラしたって、誰も得しない。しかも自分がだんだん小さくなってゆく。こういう型にはめてしまうことは、いのちが生きていないこと。小さな肉体の自分だけしか生きていない。そういう生き方をマイナスの生き方、バカな生き方という。形式もいいけれど、形式に把われないことが大事です。

現われたものはみな消えてゆく姿

宗教の根本は何かというと、形に把われない、型式に執われない。すべてに執われない、ということで、執われを放つということが宗教の極意なんです。

ところが今までの宗教家は、執われを離すことを教えながら、執われてしまっています。こういう儀式をしなければならない。お詣《まい》りをする時はこうしなければいけない、という。宗教をやったために、かえってカチカチになって、宗教をやらない人からみると、実にバカらしいような生き方をしています。ある宗教では他宗の人とは結婚してはならないんだしね。人間のいのちが自由に生きないから、かえって執われをつくってしまう。唯物論的な執われから唯心論的な執われに入ってしまって、本当の神様がどこかへいって、なくなってしまう。

本当の神様はどういうところにあるかというと、いのちのびのびと自由に生きている。この中（自分をさして）に生きている。いのちの中に神様があるんだから、いのちを縮めるようなこと、しぼめるようなことをするのは、神様に対する反逆なんです。神に対して不孝なんです。不忠なんですね。それがわからなかったんです。

それで私に働いている神様は、何を教えたかというと、みんな消えてゆく姿なんだ、と教えている。

消えてゆく姿というのを、はじめ自分で説きながら、そんなにすごい、素晴らしいものじゃないと思った。だんだんやっていると、消えてゆく姿という一言《ひとこと》が、大変なことだということがわかった。

何故、大変なのか。

あなた方は本来、神の分霊であって、神の子であって、光り輝いて生きているものなんだ。それを光り輝かせないのは何かというと、あなた方の業想念なんだ。好きだ嫌いだ、ああじゃないこうじゃない、という業想念を掴まえていなければ、あなた方のいのちは、神と同じように光り輝いて、自由自在に生きるんだ、ということが自分でやってみてわかったんです。

私が全部放して神様の中に入っていったら、業想念がスウーッと切れ、澄み通ったようにみんなが見えてきた。山を登る時は一生懸命で、脇目もふらずだからわからないけれど、富士山の頂上に登ってみたら、ああなるほど、下界というものはこういうものか、とわかった。それと同じように、みんなわかってきた。

業想念から離れたからね。それを解脱《げだつ》というんですね。解脱してわかったことを、私は皆さんに、易しくわからせようとした。

昨日失敗したっていいじゃないか。たった今失敗したっていいじゃないか。しまった！　と思ったら、ああごめんなさい、神様すみません。もう再び致しません、と言って神様の中に入りなさい、世界平和の祈りの中に入ってしまいなさい。そうすれば、昨日やったことは消えてゆく。

「あたしは若い時に、こういう失敗しまして、私はもうダメなんです」

「何を言っているんだ。もう若い時のあなたと今のあなたは全然違うんだ。若い時のあなたなんかいやしないんだ。それはみんな消えてゆく姿」と言っている。

想いというのは波なんです。波が出てきた時に自分で執われていれば、自分にかえってくる。しまった、という想いを出した時は、それを再びやろうと思っているわけじゃない。間違った、しまった、悪かった、と思いますね。思った時にはもう再びやろうとは誰も思わないでしょう。

拾った場合はしまったと思わない。しめたというんですよ（笑）。もうやらない、と言う時に、しまった！　と言うんですよ。

そういう簡単なことがわからない。それでしまったしまったしまったと何度も言い、閉めている。それで自分の心にしまっちゃうんです。これではいつまでたってもなくなりゃしませんよ。しまったきり、出さないようにしている。それは消えてゆく姿なんです。

あっしまった、しかし過去世の因縁が消えてゆくんだ、中にしまっていた業想念がそれだけ消えたんだから、神様有難うございます。世界人類が平和でありますように、と言って、守護霊様守護神様有難うございます、と言って、守護の神霊の中に入っちゃう。神様のみ心の中に入っちゃう。そうすると災転《わざわい》じて福となすで、災が出たために、応援が神様からよけい深く入るわけです。

だからしまったことが出れば出るほど、神様の中に入ってゆく。そうすれば常に常に、神様のみ心の中に入れるでしょう。悪いことが出ることが不幸《ふしあわ》せではない。

間違ったことをしてしまったことが、不幸ではない。勿論、悪いことをしないほうがいいに決まっています。業想念が出た時に、消えてゆく姿で世界平和の祈りに入って、光になってしまう。それを煩悩即菩提というんですね。

煩悩が出た時は、菩提心が現われている時なんだ。煩悩を出し放しにしちゃダメですよ。しまっただけで、悔い改めがなければしょうがないですよ。宗教心というのは、常に神というもの、仏というものを思う。それは皆さんよく知っているわけです。

自分のやったことを、いちいち悪い悪い、といつまでも思っていてはいけない。「悪い」と一度思えばいいです。実をいうと、一度思ったって、三度も五度も十度も思うんだけれど。それをだんだん練習してゆくと、一度でキリがつきます。それが早くなればなるほど、そういう人は光がよけい出てきます。

本当につまらないですよ、いろいろ思い煩っていることは。どこにだって思い煩えなんて教えている宗教などありません。そのくせ、思い煩わせるような教えをする。

お前の心が悪いというわけよ。私は、お前の心が悪いから、直せ直せというの大嫌い。直せるくらいなら、お前さんなんかに聞かないよ、って言いたくなる実際(笑)。

この短気が一人で直せるくらいなら、あんたんとこ来やしません、って言いたくなるでしょう。直らないからこそ、直してくれるだろうと思って先生のところへ来るんだ。それが叱られちゃう。行くたんび叱られちゃう。

お前の不幸はお前がつくったんだ、そういう心でいるからダメなんだ。

その心をなんとか先生してください。

それをお前がしろ、と言うんでしょう、そんなら宗教家なんかいりゃしません。自分でやりゃいいなら、何も聞く必要ないんです。それをうちの神様はよく知ってました。つくづく考えたら、私がそういう宗教ばかり歩いていた。

私は幸いに自分で出来た。けれど、私より力の弱い、意志の弱い人がたくさんいる。その人たちはどうするのかと思ったんです。どうするのかと随分考えた。そうしたら「お前がやるんだ」ということになったんです。

私がやる方法はどういうのかというと、消えてゆく姿と守護霊守護神の教えだった。

現われてくることは、みんな消えてゆく姿なんだ。守護霊守護神が守っているんだから、お前さんが何も自分一人で思い煩うことはない。思い煩うことがあったら、守護霊さん守護神さん、神様有難うございますって、その中に入っていけばいい。入ってゆく中で出てくるのはみな消えてゆく姿です。ただ真《ま》っすぐ、守護霊守護神の中に入ってさえいけば、守護霊に合体し、分霊に合体して、そうして直霊の光がそのまま出てきて、自由自在になるんである――と説いているわけです。

自分でやれることなど何もないんです。身の丈《たけ》一尺を加えんや、とキリストが言っているように、一尺はおろか一分だって、自分で伸ばせるものはないですよ。だからなんにも出来ない。なんにも出来ないんだから、はじめっからまかせたらいいでしょう。

いのちがすべてを動かし、生かしているんです。いのちというのは何かというと、神様の分けいのちなんです。神様から来ているいのちなんです。神様とは何かといったら、大智慧、大能力、絶対なる力を持っているもの、絶対なる権限を持っているものです。絶対なる権限とはなんでも出来るということです。大智慧、大能力もなんでも出来るということです。なんでも出来るものの中に自分はいるんです。人間一人一人はなんでも出来る力の中にいるんです。それなのに出来ないと思っている。それを業《ごう》というんだね。

自分でやれるとか、なんとか思っている頭はろくなもんじゃない、いっぺん「ああ自分じゃないんだ、大智慧、大能力の神様がやってくださるんだ」ということがハッキリわかると、ハッキリわからなくともよいから、そう思って、「ああ神様の大智慧、大能力が守護霊守護神となって働いていて、自分の中に分けられたいのちをフルに生かしてくださるんだ」ということがわかると、「神様有難うございます、神様のみ心のままになさしめ給え」となる。神様のいのちが働いているんだから、神様が充分に働いてくださる、という想いになります。

それが祈りなんです。もっと縮めたら「神様有難うございます」なんです。神様有難うございます、で生きていれば、現われてくるものは、すべて神様がやっているわけですから、どんな悪いことが現われてきても、どんな病気が現われてきても、みんな神様が、神様のみ心を現わそう、いのちをフルに出そうとして、邪魔ものをのぞいているわけです。だからどんなことが出てきても、消えてゆく姿なんです。

これ楽でしょう。自分のこころを自分でひねくり廻して、直す必要はない。自分の頭を自分で直す必要もない。みんな神様に直してもらえばいい。

直してもらうには、神様がこっち向け、というのに、そっぽを向いていたら直らない。光を入れてくれるのに向こうむいていたら、入らないです。折角、守護霊守護神が一生懸命、大神様から力をもらって、直してあげようと光を入れているのに

「私はダメな人間です」って向こうをむいている。「アイツが憎らしい」って違う方向をむいている。これでは光は入らないですよ。ただ真っ直ぐ、守護霊守護神を通して、神様のほうに向いていればいいんです。そして世界平和の祈りをして生きていればいいんです。そうすると守護霊守護神の光がどんどん入ってくるから、そのまま仕事をして働いていればいい。力む必要も何もないんです。

現われたものはみな消えてゆく姿なんだ。ああ私は神につながっている神のいのちなんだ。そのまま光り輝いているんだ。あとはみんな消えてゆく姿なんだ。呑気ですよ。腹が痛いも消えてゆく姿、頭が痛いというのも消えてゆく姿ですよ。悪いものはみんな、いいものが現われるために出てくるんです。いいものも悪いものも出る。みんな出る。

食べて食べて、六日も二十日も三十日も出さないでいてごらんなさい（笑）。大変でしょ。出すべきものは出さなければ、人間がダメになっちゃうでしょう。それは自然の原則だからね。それと同じように、現象の不幸も幸も、みな出てくるのは消えてゆく姿でしょう。溜めていたばかりじゃダメです。出さなきゃ。自然に出せばいい。力んで出したら痔《じ》になっちゃう（笑）。素直に出るべきものは出るんですよ。

神様有難うございます、だけで生きていて、不幸が出てきたら、それは消えてゆく姿。病気が出てきたら消えてゆく姿。怒りの想いが出てきても、それは消えてゆく姿。妬み心が出てきても消えてゆく姿。なんでもいいからみんな消えてゆく姿にしてしまえば、スッと瞬間は出ますよ、瞬間出ても、消えてゆく姿！　と言ったら、スーッと消えてゆきます。

誰が消してくれるのか、というと、守護霊守護神がきれいに消してくれるんですよ。力んじゃいけないんです。

私がいつも柏手をたたきますね。どうしてあんな音が出ます？　って聞かれるんだけど、それは力《りき》まないからです。私は一寸《ちっと》も力んでいない、なんの力も入れてないんですよ、こうでしょう（柏手を叩かれる）。秘訣は力を入れていない。私はなんにも力を入れてない。この間のお山の統一会（聖ヶ丘統一会のこと）で、あの時打った柏手なんか、天地が震動するくらい凄い。今は出ません。やる時期ではないから、そんな音出ない。

誰でもあの音の凄いのには驚くといいます。何故凄いのか、というと、力をなんにも入れてないからなんです。ふつうの肉体界の考えでゆけば、力を入れなければ大きい音は出ない、とこう思うんですね、ところが力を入れて力んだらダメ。

この世の生き方もそう。よく生きなければならない、と力んだらダメ。くたびれちゃう。力んだら身体が自由に動かない。ボクシングでも見ていて面白いですよ。力んだほうが負けます。相撲なんかよくわかります。勝とうとか思ったら負けちゃう。勝とうも負けようもない、ただ神様の中にまかせて、スースーッと生きる。守護霊守護神さん有難うございます、世界人類が平和でありますように、とそれだけやって動いていると、それが自分のためにもなり、世界人類のためにもなる。自分のいのちが宇宙大にひろがっていることなんです。こんな易しい教えないでしょう。

これが他力の極意なんです。柏手を力みなく打っている、打てるというのはもう極意なんですよ。

中庸とは右でも左でも真ん中だというんでもない

うつるものおのづうつりておのづ消ゆ
己は澄みてただひそかなり

うつるものはみんな、おのずから写って、おのずと消えてゆく。神様のみ心というのはもう現われている。現われているのを現わさないだけなの、人間が。現わさない元《もと》は何かというと想いです。

これがいいんだ悪いんだ、と思っている想い、そういう想いをいっぺん捨ててしまうと、消えてゆく姿にすると、直感的に、いい案がわかる。ピンとわかるんです。悪いものには会わせない。自然に進歩する方向に進んでゆく。近道が出来るわけです。遠道したって同じだけれども、近道したほうがいいんです。近道する一番の近道は何かというと、消えてゆく姿で守護霊守護神への感謝なんです。もっと近い近道は世界平和の祈りなんです。これ以上の近道はないんです。そう思って、呑気に呑気にやらないといけませんね。うちへ来る人はどんどん呑気になります。

この間『白光』に中庸《ちゅうよう》というのを書いたけど、中庸というのは、右でもない左でもない、真ん中だというんでもない、と書きました。

中庸はどこから出てくるかというと、神様にすべてまかせたところから、生まれてくる。神様にすべてをまかせない中庸なんていうのはありませんよ。

共産党が憎らしいでもなく、右翼が憎らしいでもない。みんな消えてゆく姿。いい悪いではなくて、どんなに悪いものを見ても、自分がカーッとしたら、自分の心が乱れたので、それだけ自分が汚《よご》れたんです。悪いものを見て、誰だっていいことだと思いやしません。悪いものは悪い、まずいものはまずいんだ。しかしまずいものはまずいなりに、悪い結果をみても、ああこれは消えてゆく姿、一日も早く消えますように、神様お願いします、世界人類が平和でありますようにと祈ればいい。

見たものに把われてはいけない。いっぺんは把われますよ、まずいものはまずい。悪いものは悪いんだからね。誰だって、それはいっぺん摑みます。摑まないのは馬鹿なんだからね。善悪の判断がつかなかったら、これは馬鹿と同じです。味噌《みそ》も糞《くそ》も一緒じゃない。うまいものはうまい。いいものはいい。美しいものは美しい。まずいものはまずい、これはハッキリしているんです。

あああの国のやり方が悪いとか、政府はあんなことをしちゃダメだ、とか思いますね。思ったら思ったで「ああこれも消えてゆく姿なんだ、本当の日本の姿が現われるためにこうなってんだ、どうぞ神様、日本の天命を完うせしめ給え、世界人類が平和でありますように」とやるんですよ。

それはいっぺん摑まないと出来ません。たったいっぺん摑みます。それからです。パッと放《はな》つ。守護霊さんのほうへやっちゃうわけです。そして世界平和の祈りの中に入れる。

相手の業を摑む、ああなんて悪い人間だろう、あのヤロウは、とこう思います。

そう思った時、コノヤロ、アノヤロとやっては、摑んでいるんだから、自分もアノヤロ、コノヤロにくっついちゃっていることになる。

ああいやな奴だな、しかしこれはその人の天命を完うさせるために、向こうの業が消えてゆく姿で出てくるんだから、世界人類が平和でありますようにと、世界平和の祈りの中に入れてしまう。そうすると、向こうの業をそれだけとってやったことになります。

一度は摑んで、摑んだものを世界平和の祈りの中へ入れる。そして朝、昼、晩、世界平和の祈りの中で暮らす。呑気なもんですよ。そうすると、長生きもするでしょうし、いきいきといのちが生きます。そういう生き方をすればいい。

一番いけないことは、責めるということです。どんなに自分が正しいことをしても、どんなに自分が正しくても、相手を責めて、そして責めたものをいつまでも摑んでいては、正しいとは言えないのです。

親鸞の教えに「善人なおもて往生をとぐ、いわんや悪人をや」というのがありますね、善人でさえ救われるんだから、悪人は救われるのは当たり前だというんですよ。そんな馬鹿な話はあるか、反対じゃないか、と思うでしょ。悪人でさえ救われるんだから、善人が救われるのは当たり前だ、と言いたいところでしょう。

それを反対に、善人でさえ救われるんだから、悪人が救われるのは当たり前だ、というのはどういう理由《わけ》でしょう。

善人というのは、私はいい人間だ、だから間違いない、向こうが悪いんだ、とこう思う。

善い人というのは、とかく自分をいじめすぎる。ああこんなことをして悪かった、いつも悪かった悪かったと自分を責めています。そんなことでは救われにくいのです。

しかしそういう救われにくい善人でも、自分ばかり咎《とが》め、いじめているような想いの人でも救われるというのです。

悪人というのは、大体大胆なのです。悪いことが平気で出来るような人は大胆で、パッと思いきってやれる人が多いのです。思いきってやれる人は反省するのも早いんです。

「ああオレはさんざん悪いことをしてきた。ここらでもう良いことをしなけりゃ」というように思う。大体が自分が悪いと思っている。そうすると、善くなろうとする想いも強いんです。

善人というのは、自分が善いと思っているから、善くなろうという想いが少ないんです。よくありますよ。「私は何も悪いことをしていませんから、神様にお願いする必要ないんです」と言う。「お金も充分だし、子どもたちもいいし、私は少しも悪いことをしていませんから、先生にお願いすることは、何んにもございません」って。

「何言ってんだいコノヤロ、馬鹿言うな！」そういうのを善人誇《ぼこ》りという。

「悪いことをしないって、お前、悪いことを一日もしないで生きていられるか？

おまえが食べているのはなんだ、魚であり、肉であり、野菜であり、米であり、みんな天から頂いたもの、大地から頂いたもの。それを黙って食べているじゃないか。空気はどこからくる。空気にお前、金払っているか（笑）空気の中にどれだけ微少な生物がいるか。それを食べちゃっている。何が悪いことしていないと言えるか」

こう言いたくなります。

人間というのは「今日一日生きているのが有り難いな、神様有難うございます」と言った時に、はじめて罪が赦《ゆる》されるんですね。

ああ神様、いのちが生きていて、このいのちを生かしてくださる神様、私を生かしてくださる神様有難うございます、本当に有難うございます――こういう人は本当の意味の善人です。善人も何も超えた者です。感謝の心そのものです。

そういう想い、心になりやすいのが悪人ですよ。悪いことをしていて、赦されます。そうすると有り難い、私はこんな悪いことをしても、いのちがあって有り難いな、と思います。善人誇りをしているのは、そう思わない。

そこで親鸞は、善人でさえ救われるんだ、こんな高慢な奴でさえ救われるんだから、あなたのように、悪いことをハッキリわかっている人は、悔《く》い改めが早いんだ、とこういったわけなんです。

それを私は、善いことをしようと、悪いことをしようと、そんなことは問題じゃない。それはみんな消えてゆく姿。現われてくるのはみんな神様のみ心が現われてくるんだから、そのまま神様有難うございます、と思って、みんな消えてゆく姿にしなさい――というふうに私は説いたんですよ。それを毎日やってください。

人間には、自分は悪い悪いと責める想いがあるから、自分が正しいのに、という想いがあるから、自分が正しいと思う想いも、自分が悪いと思う想いも、そういう想いはみんな消えてゆく姿。ただ生きてゆく一番の根本は、世界平和の祈りですよ。その他何もありません。

世界平和祈るは神のみ心の
ひゞきにあれば祈るたのしさ

という私の短歌のように、世界平和の祈りは楽しいな、なんて有り難いんだろうな。そういう気持ちで生きている。それだけしかない。

そうすると、子どもも良くなるし、テストも良くなってくる。

理想を現実化する鍵《キーワード》

（昭和34年6月6日）

因縁因果宿命論と実相完全円満論

白光の教えの根本は何かと申しますと、三つありまして、一つは守護霊守護神の存在と働きを打ち出しているところと、二つは消えてゆく姿という教え、三つは世界平和の祈りということです。

今までの宗教では消えてゆく姿がないんです。因縁因果をとらえて、あなたがそういう運命になっているのは、前生の因縁が悪いんだ、病気や貧乏になるのは因縁なんだ、と因縁ばかりを言う。かと思うと、祖先が迷っているとか、祖先がたたっているからお前のところはよくならないんだ、というように言うんです。

もう一方、この世の中は悪いものも不幸もないんだ、本当は完全円満で病気もない、不幸はない、貧乏はない、あるのは神の姿だけで、その実相は完全円満なんだ、という言い方です。

片一方は小乗的、因縁因果説で、お前の運命は前生の因縁・前生に借金があるから、こういうようになるんだ。それをよくするには、お前が一生懸命、祖先を拝んで菩提をとむらって、お前の心を立派にしなければだめだというんです。

このやり方でゆくと、どういうことになるかと言うと、いつでも自分は一生懸命やろうと思うのです。けれど因縁がどこまで深いかわからない。前生からあるんだから。汗水たらして働いても貧乏だ、オレの祖先はそんなに悪かったのか、それならオレがいくら働いて稼げど稼げどだめじゃないか、ということになって、宿命論的になって、非常に不安な勇気のない生き方になってしまうんです。

片一方の実相は完全円満、病気もない、不幸もない、ということは、因縁因果を追うよりはよっぽどいいんです。因縁因果ばっかり追うと、消極的になってジメジメした宿命論になりますから、それよりはいいんです。

あなたは病気をしているけれど、そんな病気はないんだ。あなたが勝手に病気だと思っている想いだけが、病気なんだと教えている。なかなかいいですよ。

不幸はないんだ、お前が不幸だ不幸だと思っている想いが不幸なんだ。貧乏はないんだ、お前が貧しい心を持っているから、それが貧乏として現われるんであって、本当は貧乏はないんだ、実相は完全円満なんだ、とこういうんです。因縁因果よりこのほうがずっといいですね。

さあこれだけでゆきますと、どういうことになるかというと、やっぱり働いても働いても生活がよくならない。自分の心の中に不幸もある。妬み心もある。怒りもある。そうすると、オレは神の子で実相完全円満なのに、何故どうして自分の中に、いつまでも怒りがあったり、妬み心があったり、不幸が出てくるのか。オレはダメなんだなァ。と思っちゃうんですよ。いくら信仰したって、いくらやったって、いつまでたってもよくならない、だから自分はダメなんだ、神様に見放されているんだ、とこういうふうになるんですね。

いくら病気がないと言っても病気は現われます。貧乏がないといっても貧乏が現われます。不幸がないといっても不幸が現われます。この世では、実は完全円満なんかなりっこないんだから。この肉体の世界には完全円満な世界なんてありませんから、完全円満という理想像をいっぺんに地に降ろしますと、自分とその理想とを比《くら》べ、本当の姿はこんなに立派なのに、オレはなんてみじめなんだろう。オレは神の子で、本当は完全円満で、病気などないわけなのに、どうしてこんなに病気になるんだろうと、かえって逆に病気に把われてくる。だからあんまり完全円満論をふりまわされると、理想と現実がともなわないから、途中で違いが出てくる。

そういう完全円満論者が病気見舞いに行きますと、寝ている人に向かって、病気はないんだよ、すぐ床をたたんで起きなさい。なんていうようなことを言うんですよ。病院に押しかけて、あんた神の子じゃないか、病気はないのに、なんで病院に入っているんだ、こんなことを言ったりする。何か行きすぎがあるんです。

信仰に入る人は割合い素直なんです。先生方の言うことは、まっすぐ信じます。それでやってみます。ところが実際問題となると、やっぱり病気はある、貧乏もある、不幸もある。だからないというのと、あるという境にぶつかって、ないんだか、あるんだか、しまいにわけがわからなくなっちゃう。要するにこの世の教えとしては、少し無理があるわけです。因縁因果の話も、完全円満の話も、両方ともに無理があるのです。

因縁因果は本当の話です。この世で苦しんでいるのは、前生の因縁因果です。過去世の借金がここへ来て現われているんです。因縁因果説は無理もない本当のことなんです。

また人間の実相は完全円満で、悪も不幸もないんだ、ということも本当のことなんです。片一方は天から見た本当で、片一方は現象界を見た本当のことなんです。両方ともウソじゃない。ウソではないけれども、本当のことを本当のままに言ったら、人間が救われるかというと、そうじゃない。

本当のことを本当のままに言ってごらんなさい。この世の中通らないです。対人関係にためしたらよくわかる。この世の中を渡る場合には、本当のことを本当のまままで通るような世の中ならば、もう世界は完全円満なんで、騒ぐことは何もない。しかしそれでは世の中通らない。だからウソと本当とを教えて、いろいろ混ぜ合わせて出すわけです。

それで私の教えはどういうことになるか。

やっぱり因縁因果説もあるんです。しかも完全円満説もあるんです。どういう形で現われてくるかというと、あなたが病気をしているのも、不幸になっているのも、貧乏になっているのも、それはないんじゃない。確かにあるんだ。だから一度認めさせるんです。

ああ病気、気の毒にね、貧乏でああ大変ですね、不幸、ああお気の毒に、ってこうなります。けれども、今、不幸に見えるけれども、今病気のように、貧乏のように見えるけれども、それは今のあなたが貧乏でもなければ、今のあなたが不幸でもなければ、今のあなたが病気でもないんだ。それは過去世からの業因縁、いわゆる神様から離れた想い——完全円満なる神から生まれた人間に不完全なものはないんだから、本当は完全円満なのに、完全円満であるということがわからなくて、神様の姿を見失って、肉体生活をしている。その神様から離れただけの想いが、業想念になってたまってきて、それがここに現われてきて、病気なり不幸なり貧乏なりになって、現われた時にはもう消えてゆく姿なんだから、今のあなたが悪くて病気になっているわけでもなければ、不幸になっているわけでもない。それは消えてゆく姿として、目の前、自分の本心の前を通りすぎてゆくところなんだ、と教えるんです。

だから通りすぎてゆく、貧乏なり、不幸なり、病気なりを追いかけちゃだめだ。なんでこんなに貧乏なんだ、と追いかける必要はない、病気も不幸も、なんでなったんだ、と追いかける必要はない。追いかける想いもそれは消えてゆく姿なんだから、その想いをそのまま世界平和の祈りの中に入れちゃいなさい、と言うのね。

観の転換をはかりなさい

世界平和の祈りの中に入れてしまいなさい、というのは、観の転換なんです。転換をはかる。

今のあなたが悪いんでもなければ、なんでもない。それは消えてゆく姿なんだ。だから消えてゆく姿として、ああ痛い、痛いけれど世界平和の祈りの中に入れてしまおう。ああ痛い、世界人類が……ああ痛い、世界人類が……とやっていて、お医者に行きたかったら行けばいい。それはその人の自由なんです。

だから一旦は認めるんです。この世の中を素直に一旦は認める。私の教えは大体、正直なんですよ。素直にこの世の中を認めさせる。ああなんて不幸な世の中だな、なんて不幸が満ち満ちているんだろう。あちらでは争い、こちらで争い。自分たちを守ろうとして、お互い闘争しあっている。ああなんてこの世の中は嫌な世の中だな、っていっぺん認めます。

認めたって認めなくたって、事実そうなんだからしょうがないでしょう。そんなの目をつぶったって、ないとかあるとか言ったたって、あるものはあるでしょう。

嫌な人と好きな人がある。本当は好きも嫌いもないんだ、みんな実相完全円満で、みんないのちにおいては一つなんだ。嫌いという想いは間違いなんだ、ということになるんだけれど、苦しくてしょうがない。前生の因縁というのがあるから、因縁の合う人と合わない人とある。波の合う人と合わない人とある。嫌な人をいっぺんに好きになれ、ったってそれは出来ません。信仰の結果、好きになるかもしれませんけれど、嫌いなものを好きになれ、と言ってもこれは無理でしょう。また逆に好きなものを嫌いになれ、というのもこれ無理ですねぇ。

バイオリンをハイフェッツのように、きれーいな音で弾いている人がある。そうかと思うと、習いたてでノコギリの目立てみたいにキィキィやっている。それを聞いて、バイオリンはバイオリンだ、弓は弓だ、弾いているのは人間だ、みんな同じなんだ、どちらも同じに思え、たってそんなバカなことは出来ないでしょう。そんなことをしたら進歩がありません。進歩することが何もない。

だからこの世の中は平等ではない。能力の差があります。習練の差があります。年令の差があります。いろんな経験経歴の差があります。差があるから、それだけ上下があるわけです。ですから上手い、拙《まず》い、というのはちゃんと見分けなければいけない。正しい目で見なければいけないですね。仏教の極意では正しい目で見なければいけない、というのがあるんです。現象世界を正しい目で、一度見なければなりません。

現象世界といったって実相世界といったって、ここに住んでいるんだから、正しい目でこの地球世界の有様《ありさま》をとっくりと眺めなきゃならない。とっくりと眺めると、貧乏している人もあれば、富んでいる人もある。能力の高い人もあれば低い人もある。技術的にうまい人もあれば下手もある。肥った人もあればやせた人もある。いろいろ差別がありますね。差別があるのは、あるで見なければダメですよ。

それをない、と見たら、それはウソなんです。欺瞞なんです。実際、本当の姿、本源の姿、実相の姿にはないんだけれど、そんなこと誰もわかりゃしないでしょう。

みんなこっちに住んでいるんだから。だから一度は、この世の中の差別を見なければならない。

よけい稼ぐ者は稼がない者より、お金が貯まるかもしれません。智慧を働かした者は、智慧を働かさない者よりも勝《すぐ》れているかもしれない。そのようにいろいろ差別待遇があるし、差別があるんだけれど、その差別がある現われは何かというと、どんな立派な人も、どんな立派でない人も、どんな金持ちも貧乏の人も、病気の人も健康な人も、この世としては消えてゆく姿なんですね。

今、健康で矍鑠《かくしゃく》として働いている人がある。それが忽然《こつぜん》と死ぬかもしれない。貧乏で貧乏でしかたがない人が、明日、突然に富んでくるかもしれない。

この世は変化変滅します。この世は変滅してゆく姿なんだから。一瞬としてじっとしているものはない。赤ん坊なんか見てごらんなさい。この間、お腹が痛くなって生まれた。ほら名前をつけた。一ヵ月二ヵ月たつ、忽ち二才になり三才になる。ああ学校か、というようにターッと変わってくる。そういうふうに現われたり消えたりする。それで最後には、みんな消えてしまう。ここにいる人たちの肉体はみんな消えます。百年といわず、五十年から八十年たったら、ほとんど消えますね。

みんな消えてゆく姿なんですよ。いいですか。全部消えてゆく。そうすると、この世にある、というようなものも、あるんではなく、ただ現われているにすぎない。あるものは何かというと、神様の子であるいのち、神のいのちが充満しているだけなの。

いのちが現われて、肉体の人間にもなり、牛にもなり馬にもなり、花となって咲く。いろんな形に現われている。

いろんな形に現われているけれど、花とか動物とか鉱物というものは、神様にそのまま使われていて、自由がないわけです。昨日うちに咲いていた花が、隣のうちに動いて今日咲いていた、なんていうことはない。そういう自由がない。動物にも自由があるように見えていて、自由がない。自由に動けるけれど、限られた自由で、自分で食物を創って食べる能力がない。あるのをとってくるだけです。

人間は自分で創って食べられる。いろんなものを発明して、神の叡智と同じようにいろんなことが出来るわけです。

人間というものは、神様がご自分の智慧、能力をそのまま人間に分け与えて、人間の自由にさせて創ったものなんですね。だから神の似姿をもって造られたのが人間だ、とこう言っているし、人身得難し、とこう言っているんです。

植物や動物や鉱物は被造物で、造られたもの。人間は造られたものではなくて、神から分けられたもの。造られたものと、分けられたものとは違うんです。

人間というものは、神のいのちを分けられているもの。造られているものと、分けられたというのは違うんですよ。

分けられて神の能力を、そのままフルに持っている、そして使えるのが人間なのです。ところがこの地球人類というのは、いまだ未発達、完全に発達していないから、神の能力をそのまま全部、一〇〇パーセント出していないんです。五パーセントか十パーセント。出しているほうが少ないんです。それで動物性がたくさん出ているわけです。造られたものの姿のほうが多く出ていて、分けられたいのちである人間の姿があまり出ていないんですよ。そこでこの地上界は、動物世界と同じように、自分を守るために争うわけですね。

動物がそうでしょう。強いものが弱いものを食べてしまいます。それで生きています。人間世界もやっぱり未だ動物性が多いから、造られたものの範囲を出ていないから、食い合うわけですよ。強い国が弱い国を攻めて、それで領土にしてしまう。強い人間が弱い人間をいじめ搾取《さくしゅ》してしまう。弱い者が縮こまっている。金のないものが縮こまっている。能力のないものが縮こまっている。そういう世界なんです。それは動物の世界と同じ世界です。

ところが人間というものは、神から分けられたものだ、と知っているわけです、中で。本心としては神様のいのちだ、ということを知っていますから、自分がしいたげられたまま、搾取されているまま、使われているままで満足はしていないわけです。大きな国にいじめられたままで満足はしていない。それで反抗するわけです。

郵便はがき

恐縮ですが
切手を貼っ
てお出し下
さい。

418-0102

静岡県富士宮市
人穴八一二－一

白光真宏会出版本部
愛読者カード係

出版物等のご案内をお送りいたしますのでご記入下さい。

ふりがな ご氏名	年齢 才	男・女
〒 ご住所 Eメール：		
ご職業	ご購読の新聞名	
お買い求めの書店名	以前に愛読者カードを送られたことがありますか。 ある（　年　月頃）：初めて	

愛読者カード　書名　講話集2　みんな救われている

■ご購読ありがとうございました。今後の刊行の参考にさせていただきたいと思いますので、ご感想などをお聞かせ下さい。

下記ご希望の項目に○印をつけて下さい。送呈いたします。

1. 月刊誌「白光」　2. 図書目録

本書をお知りになったのは	1. 書店で見て　2. 知人の紹介　3. 小社目録 4. 新聞の広告(紙名　　　　) 5. 雑誌の広告(誌名　　　　) 6. 書評を読んで(　　　　) 7. その他
お買い求めになった動機	1. テーマにひかれて　2. タイトルにひかれて 3. 内容を読んで　4. 帯の文章で 5. 著者を知っている　6. その他
月刊誌「白光」を	毎月読んでいる　　読んでいない

白光出版をご存知でしたか。初めて：知っていた：よく買う

☆以前読んだことのある白光出版の本(　　　　)

ご協力ありがとうございました。

なんとかしてあの大国をしのいで、立派になろう、というようなことで、今までの歴史は亡くしたり亡くされたり、大きな国が小さくなったり、小さな国が大きくなったり、いろいろ興亡を続けてきたわけです。

現在では大国はアメリカとソ連です。あとみんなちっちゃい国です。小さい国はアメリカならアメリカの庇護《ひご》を受け、ソビエトならソビエトの庇護を受けている。それでやっと生存しているような国になってしまっている。さあそのアメリカとソビエトも、やがて動物性を発揮して、戦いをいどみ合わなければならないようなことになってきています。

そこで今は、因縁だから仕方がない、あきらめなさい、とか言っている時代でもなければ、完全円満だから悪はない、病気はない、不幸もない、なんていう観念論に、ただないんだないんだと、実際に出来もしないものを言うような時代でもなくなった。

あるものはあるままに認めるわけです。認めながら、それは消えてゆく姿として認めているわけです。アメリカとソビエトは戦争しちゃうんだ、と見ているわけではありません。アメリカやソビエトが、原爆や水爆をつくる。実験をする。人工衛星などを作って、まさに戦争をはじめるような姿に見えるけれども、これは人類の業想念がそこに結集して、それが消えてゆく姿として現われているんだ。これが消えた時には、そこに本当の人類の姿、神の姿が現われてくるんだ、という教えにならないと、光明思想というわけにいかない、光明の教えというわけにはいかない。

そこで私は、消えてゆく姿だ消えてゆく姿だと教えている。消えてゆく姿の教えを聞いて、クリスチャンの人など随分助かったんですよ。今まで罪の子だ、神の僕《しもべ》だ、いつ罰があたるかわからない、というような恐怖的な観念論だった。非常に狭く、縮こまって神を恐れ、おののいて仰いでいた。何かしちゃ神様の罰が当たらないか、何かあったら罰が当たらないか、と思っていたわけです。

神様は罰など当てないですよ。絶対に当てないですよ。ある宗教団体でも初めそう言っていた。神は罰は与えない、みんな自分の心が自分に罰を与えているんだ、と教えた。これは大したことなんです。実際そうなんですから。罰を与えないと言ったその宗教団体が、何をやったかというと、お前の心の影だよ、と言って罰を与えてしまったんです。

お前の家庭が不幸なのは、お前の心の影なんだ、みんなお前から出ているんだから、お前が直らなきゃダメだよ、とこう言うんですね。これは本当の言葉なんだけれど、さっき言ったように、これはまずい言葉なんです。過去世がないんですよ。現在のお前の心のやり方が悪いから、そうなっているんだ、というふうに言う。そうなると、人間の心を責めてしまうことになって、人間神の子完全円満というものがなくなってしまう。そこで責められる悪いものを認めてしまうわけです。

そこで私が言うのは――

不幸な想いも、貧乏な想いも、自分が悪いという想いも、自分で改めたりするのはなかなか出来やしない。ますますいやになる。妬んじゃいけないと思いながら妬む。短気じゃいけないと思いながら短気を起こす。恨んじゃいけないと思いながら憎む。なんて自分はダメな人間なんだろう、ということになるんですね。そこでダメな人間だ、と思う時にはすでにその人は本心に入っているんだ、と私は教えるわけです。

短気がいやだと思い、妬み心がいやだと思い、気の弱いのがいやだと思う、要するにいろんな悪い想いがダメだと思った時には、すでにあなたの心は神様の中に入っているんだ、と教えるわけです。だから自分がダメと自分を痛める想い、相手はダメなんだと相手を痛める想いをもったままで、神様の中に入っちゃいなさい、それが世界平和の祈りだよ。と教えるのです。

本心と業想念

それはどういうことかというと、この世の中は想いの世界なんです。神様の光の世界と、人間に与えられた想念とまざっているわけです。だからこれを分離すればいい。

光は神様から来ているものです。人間は光の子なんだ。光明燦然《こうみょうさんぜん》として大調和しているわけです。素晴らしいひびきをたてている光の波なのです。それだけが現われていれば、この世界は完全円満になって、光明燦然としてみんな神々になってしまうわけです。

みんな神々なんだけれど、実はそうじゃないでしょう。動物性があっていっぱい業想念が現われている。そこで業想念と光の子神の子である人間を分けなければならない。本心と業想念と分けなければならない。

本心というのは神様から来て、光り輝いている完全円満な姿。業想念というのは、好きだとか嫌いだとか、あいつは憎らしいとか、私はダメだとかいう想い。思慮分別の想いです。これをいっぺん分ければいい。どういうふうにして分けるかというと、消えてゆく姿として分けるわけです。頭の中をグルグル廻っている想い、おなかの中で煮えくり返っているような想い、そういう想いのすべては、みんな消えてゆく姿である。どこで消してしまうかというと、神様の世界の中に消すのです。神様神様と言って、神様の中に消してもいいし、守護霊さん守護神さん有難うございます。と言って守護の神霊の中に消してもいい。けれど世界平和の祈りの中に消すのが一番いい。

何故いいかというと、世界平和というのは神様のみ心だからね。神様の本当の姿が現われた時には、世界が平和なんだから、その理想の完全円満の中に消すのです。それは神々が光り輝いて働いている大霊団の中なんです。世界平和の祈りというのは、その大神霊団から出ている光が〝世界平和の祈り〟の言葉になって現われているわけです。

そこで自分を否定し、人を否定する想いも、悪を認める想いも「世界人類が平和でありますように」という時には、スイッチが押されて、世界平和の大光明、守護の神霊団の中にスーッと入ってゆくわけなのです。

自分の業想念が出た時に、業想念を土台にして、そのまま神様の中に入ってしまうわけです。そうすると、私はダメだとか、相手がどうだこうだという想いが、スーッと消える。また出てくる、また消す。また出てくる、また消す。なんべんでも出てきます。出てくるけれど、だんだんだんだんその想念は薄くなります。これは有限なものだから。

何故、業想念は有限かというと、人間は神の子で、光り輝いたものが生まれてきたわけなんで、それで霊界をつくり、肉体界をつくるに及んで、肉体という物質化した、非常に遅鈍な動きの波の中に入ったために、裸で泳げばうまく泳げるものを、重い潜水服を着て泳いでいるような形だから、どうしても遅くなります。裸の人と潜水服着た人とは速さがまるで違うでしょう。そののろいだけの時間の差、ハンディキャップが現われているわけね。

神様の世界、人間の元《もと》の世界では完全円満なのです。光り輝いている。しかしこの肉体界までその姿が届くまでには、時間がかかるわけです。何故時間がかかるかというと、向こうは素晴らしい速さ、時間のない速さなんですね、だからいつでも完全円満。こちらは有限の速さ、波がおそいから時間がかかるわけです。

星の光と同じです。何十年前あるいは何百年前、あるいは二千年前三千年前、あるいは百万年前に光ったその光が、今地上界の目に届いている。今、見ている星の光というのは、今、光っている光が見えているのではなくて、何百年とか何千年、何百万年とか前に光った光が、今目に見えているんですよ。それと同じように、人間というものは、私もあなたも皆さんも、神界で光り輝いて働いている。なんの悪も不幸もなく完全円満で働いているわけなんです。その姿がまだ地上界に写っていないんです。

そこでこの世界にいち早く現わすためにどうしたらいいかというと、自分たちの想いをいっぺん自分たちの本体に還元して、本心の中に入れてしまうことです。世界平和の祈りを通して、自分の神界の中へ自分が入ってゆくわけです。

〝世界人類が平和でありますように〟といって神界の中に入る。すると、自分本来の光がパーッと流れてくる。そうすると自分の肉体の波動も速くなるわけです。肉体はこれは波なんです。実は波が集まってきて、ここに現われているんです。

光の波と業想念の波とがまじって現われている。

神界の光の波がパーッと流れてくることによって、業想念の波がどんどんきれいになってゆく。それを続けてゆけば、ついには人間神の子本来の光の姿になってくる、というわけです。

なんでもかんでも平和の祈り

―神様と一つになるために―

（昭和34年6月6日）

把われない、ということが宗教の極意なんですね。無礙自在《むげじざい》になれ、無礙というのは障りなくあれ、空《くう》になれ、と宗教は教えるわけです。なんの極意よりも、把われない、というのが一番の極意なんです。色即是空《しきそくぜくう》、空即是色《くうそくぜしき》ということです。把われないようにするために宗教があります。

ところが今までの宗教は、把われをなくすようにするために、把われてしまった。把われまい把われまいとして、把われてしまった。

何かの本で読んだのだけれど、和尚《おしょう》がいて随分の酒呑みなんです。ある時お弟子を連れて何かの講義の会に行ったのです。そしたら向こうの和尚も酒呑みで、講義がはじまるまで飲んでいた。一升か二升を飲んでしまったのね。お付きの坊さんも少し短気の人だったと見えて、和尚に「私は講義が聞きたいんだ。一刻の猶予もならないこの求道心で、講義を聞きたいのに、酒なんか呑むなら、私はここにいない」と意見をした。

「居たくない者はさっさと出ろ」と言ってその弟子は放り出されてしまった。

その和尚さんが是か、弟子のほうが是か、と言うんですね。どっちも是じゃない。片方は素直じゃなくて、お師匠さんに楯をついた。和尚は和尚で酒を呑んで、自分の本命であるべき講義を忘れているバカはないでしょう。

そういう人はたくさんあるんですよ。酒を呑むことにも把われない、何をするにも把われない、と把われないことに把われて、酒を呑んでしまう。それは〝わしは把われない〟と言っている。何言ってやがんだい。神の子は酒なんか呑まない。頭を麻痺させるようなものは飲むことなどしない。そんなの必要ないんだから。それは消えてゆく姿なんだネ。だから私など酒もタバコものまない。欲しくもなんともない。と言って皆さん酒を呑む人があるかもしれない。タバコを呑む人もあるかもしれないけれど、それは消えてゆく姿ね。酒を呑むことやタバコを吸うことはいいことじゃない。商売上、便宜上、商談するためにタバコをのまなくちゃ、なんだか具合が悪い場合があったら、タバコをのんでもいいでしょう。お互いに一献《いっこん》酌《く》み交《か》わさなければ、商売が成り立たなければ、一献酌み交わしてもいいでしょう。

しかし酒に呑まれちゃいけません。自分の仕事さえ忘れて、呑んでいるような坊主があったとすれば、それは生臭《なまぐさ》坊主に違いない。それを、把われない、という言葉に胡麻化して把われているわけです。

そうかと思うと、空《くう》だ空だと言うんだね。オレは空になった、空になったと思うんですね。空《から》っぽになったと思って、実は空《から》っぽになっていないで、お前の心はなんじゃ、お前のやり方はなんじゃ、と人ばかり責めてるのがある。自分では空《から》っぽになったつもりでいるのです。ところが空《から》っぽになった人というのは、人など責めません。第一、責める心がないのです。神様の中には責める心なんか一つもありません。愛するばっかり、みんなが本心を現わすようにという祈りがあるだけです。責めるのは消えてゆく姿なんですから。本当の姿ではないんだから。

人を責めた場合には、自分もその人と同じ中に入って、一段下っちゃうんです。どんなに自分が正しい立場に立っていても、自分が正義であっても、相手が間違っていても、人を責めるという想いが出た場合には、その想いが出ただけが消えてゆく姿なのですよ。

おれは正しいから、怒るのが当たり前だ、というのはそれは嘘。怒《いか》りで自分が損するんだから、自分のいのちを傷つけるんだからね。だからいかなる正しい立場にあろうとも、向こうが不利な立場にあろうと、怒ってはいけません。そりゃ、大きな声でどなりつける必要もあります。叱言《こごと》を言うことも必要かもしれない。しかしあくまでも、ちゃんとわきまえてやらなければいけない。

いつも言うんだけれど、自分の心臓がバクバクして怒ったんじゃ、そりゃダメですよ。意見にもなんにもならない。自分のいのちを粗末にしているんだからね。心臓を悪くしてしまいます。冷静な立場で、どなりつけるのはいいですよ。心臓がバクバクしないで、感情的にならないで、このバカヤロウ！　と言ったっていいんですよ。それは把われてないんだから。相手の業を吹っとばすために言うんだからね。喝《カツ》と同じで、こっちを傷めないんです。いのちも傷《いた》まない。強い言葉で言っても愛の言葉だからです。

愛の言葉か、自分の感情か、というのを計る秤は何かと言うと、心臓を見ればいいです。心臓がバクバクしないで、怒鳴っても、小言を言っても、それは効目《ききめ》があるんです。感情ではなく、神のひびき、光がピューッと飛んでゆくのだから。だから同じ叱る言葉でも、叱る当人自身で判断できますね。親が子どもを叱るのでも同じです。叱っている方が息が絶えそうになって、子どものほうはケロッとしている。そういう風景が随分ありますね。

まず自分の心臓がいつも平静であるように、心乱れないようにして叱るなら叱ったらいいと思います。その練習なんですよ。それが消えてゆく姿なのです。ああ消えてゆく姿なんだな、と思ってやるなら、なんでもないです。

自分が神様の立場になって、自分の本心の中に入って、そして行ないに出るものでなければいけない、ということです。自分が一度、本心の世界、世界平和の祈りの中に入って、神様と一つになって、それでサーッと出てくるものなら、それは相手を傷めません。光がパァーッと入ってゆくんだからね。そういうようなことを、私はいつも思っているんですよ。

そこで一番そういう状態に到達しやすい方法は何かというと、なんでもかんでも、いつでもどこでも、世界平和の祈りをやる。自分にどんなにつまらないことが起こっても、そんな不幸なことが起こっても、貧乏が起こっても、ああ自分はダメだなぁという想いが起こっても、あいつ嫌な奴だなという想いが起こっても、一生懸命、世界平和の祈りの中へ入ってゆく。

それで何が出てきても、消えてゆく姿、どんなことが出てきても消えてゆく姿

――それをやりつづけていれば、その人は必ず神様と一つになれるのです。神人といい、ゴッドマンという神の人になれるのです。

何故なれるかというと、本当ははじめからなっているんだけれど、業想念に災いされて、曇っているだけなんですから。太陽が照っているけれど、雲が出ているために、太陽が見えないだけなんです。雲が勝手に去ってゆくだけでしょう。雲が勝手に現われて消えてゆくだけでしょう。

太陽は雲を消そうとも思っていない。ただ光っているだけです。ところが人間は自分一人では光れないから、世界平和の祈りの中へ入って、守護の神霊と一つになって光るわけです。そうすると、雲はどんどんどんどん消えてゆく姿で消えてしまう。知らない間に、自分の姿が光り輝いて出てきて、だんだん大きくなってゆくわけです。

皆さん一人一人がそうなれば、世界平和は忽ち出来るんですよ。それを私が口をすっぱくして、同じことをいつも言っているわけです。

これは頭で判ってもダメなんです。心でわからないと十分でない。行なわなければダメですよ。だから今日の話を聞いたら、いつも先生から同じことを聞いているんだけれど、ああ私は今日からやりましょう！　世界平和の祈りをやりましょう！自分を責める想いが出たら、世界人類が平和でありますように、と唱えましょう。人を責める想いが出たら、ああこれは消えてゆく姿なんだ、世界人類が平和でありますように、と祈りましょう、不安な想いがあったら、ああこれも消えてゆく姿なんだ、業が消えてゆくんだ、世界人類が平和でありますように、とやりましょう。というふうに、なんでもかんでも、みんな世界平和の祈りの中へ投げ込んじゃうのです。

そうすると、世界平和の祈りとして働いている、救世の大光明がみんな引き受けて、消してくれるのです。きれいに浄めて消してくれます。

みんな救われている

（昭和34年7月4日）

信仰がうすいから救われないはない

業を放て！　という教えはあるんだけれども、今までの宗教は実際上、業を放たせるようなことをしないのです。こう思わなければ救われないぞ、とか、お前の信仰がうすいから救われない、とかよく言います。けれど、私は言うんです。信仰がうすいから救われない、ということはないんだ。

神様は人間すべては神の子で自分の子なんだから、信仰がうすいとか篤《あつ》いとかは問題にしちゃいないんだ。だからどんな人でも救うんですよ。あの親鸞の教えに、いかなる悪も弥陀《みだ》の光を消すことは出来ない、阿弥陀様の光を消すほどの悪はないんだ、だから悪なんかないんだ、というのがあります。それと同じように、どんな人でも神様は救うわけなんです。

信仰がうすいという人もあります、篤《あつ》いという人もあります。しかし信仰がうすい人が救われないか、というとそうでもない。もう救われているんです。ただ救われていることを自覚してないだけです。信仰がうすくても救われる。どうして救われるかと言うと、人間は本来、神の子なんですから、救われるも救われないもない。はじめっから救われているのです。ところがそれが判らない。

まだ救われてない救われてない、真理を摑まえよう摑まえようとやっている。上へ上へとゆくのならいいけれど、横にいってしまって、三界《さんがい》の業想念の中でぐるぐるぐるぐる廻って、これでなければいけない、あれでなければいけないとやっている。

天地をつなぐ光の輪だけがあって、天の光だけがある。それが縦にまわっている。横の波はみな消えてゆく姿なのです。横の三界の業想念は消えてゆく姿、とやっていると、想いが自然に縦に廻ってゆくんです。その消えてゆく姿がないんで、いくら宗教をやっても、求めれば求める程、苦しくなってゆく。だからボヤく人があります。「信仰がなかった時のほうがよかった、宗教に入らなきゃこんなに苦しい想いに会わなかったのに、宗教やったばかりに……」ってね。その先達の人とか先生方が本当のことを教えてくれないからです。

やたらに自分を責めることばかり教える。だからまだ信仰が浅いというか、私はまだ信仰が足りないとか、まだこれじゃダメだとか、そういうことばっかり思うのです。そういうものは自己否定で業想念なんです。否定するなら、全部否定しなければ。肉体人間というものはダメなものだって、私がいつも言うようにね。

肉体の人間は偉いと言ったって、偉くないと言ったって、悟った、悟らないと言ったって、信仰が篤い、うすいと言ったって、大した違いはないんだ。そんなものは大したことではない。人間の肉体は消えてゆく姿であって、やがてなくなってしまう。あるものは何かというと、天地縦横を貫いている生命《いのち》の光、神様の子である光だけなんです。

問題はどこにあるかというと、上から下に流れている神様の光の中に、自分が入りさえすればいいわけなの。入ることを教えることです。それにはいっぺん消えてゆく姿が出てくるわけです。

こうやって苦しんでいる自分も、信仰がうすいという自分もそういうものは、本当はないんです。現われては消えてゆく姿、自分の本体は神様の子なんだ、天からつながっている永遠のいのち、永遠に光り輝いているいのちなんだということが、消えてゆく姿をやらないとわからないんですよ。どうしても一度、自己否定しないとわからない。ところが大概の宗教では自己否定が生半《なまはん》かなんです。

だから家族を捨てて山にこもったり、家庭のことを省みず、宗教団体のために働いたりしたって、それは自己否定ではないのです。自分を全部捨てたことにならない。自分の財産全部を教団にあげちゃったって、それは自己否定にならない。そんなものは中途半端。中途半端なことをするなら、やらないほうがいい。ところが中途半端なことをやるような因縁に、やっぱりなっているんだね。

はじめから信仰の深い人はいい、信仰が深いんだから。神様につながっていて私は救われているんだ、信仰の道に入ったからこれで救われているんだ、とはじめから思える素直な人はいいけれど。そうではなく、これでもダメだ、まだまだダメだとやっている人は苦しいですよね。

神様はあるんですよ、神様は完全円満で、あなたはすでに救われているんです。

そんなことはない、私は救われてない。

という人もあります。それは信仰がうすいわけです。しかしそれは因縁なんですね。前生の因縁でもって、その人としては仕方がない。五井先生を信じなさい、と言ったって信じられない人は信じられないで、これは仕方がない。信じられないから悪いとか、良いとかいう問題じゃない。その人の因縁だから仕方がない。

因縁因果の波というのは、いっぺん仕方がない、とあきらめるよりない。仕方がないんだから。たとえば身長が五尺しかない人が、五尺一寸になりたいと言ったたって、五尺よりのびなければ仕方がないでしょう。仕方がない、ということはあるんです。

仕方がないことは仕方がないとあきらめて、そのあきらめの中から出発するんです。それを指導者が、自分が甘いものが好きだからといって、なんでもかんでも甘いものを食べさせようとする。要するに人の因縁因果を知らないから、自分の波の中に引きこもうとする。人間というものはそういうものなんです。そうすると、いいことであっても、かえって向こうは余計なことをする、ということになって恨まれるんです。

私はそういうことを絶対しないようにしている。向こうのなすがまま、おっしゃる通り、やりたい通りにサァおやんなさい、という、病気で大したことがなくても、医者へ行きたい、ああいってらっしゃい。手術をしたい、ああそうですか、ただ向こうさんの言う通りにしながら、こっちから黙って光を当てている。向こうのやっていることが間違っていれば、ひっくりかえって正道に戻ります。

だからお前さんの信仰がうすいからダメなんだ、とか、お前さんが私を思わないからダメなんだ、とか言ったことはありません。たまたま、それを言わないと救われない、という場合は言うけれど、ほとんど言わない。私はこんなに思っているのに、お前は判らないのか、と滅多に言わない。何故言わないかというと、思えないという因縁が人にあるんだから。それがわからないと、宗教は強制になり、自由がなくなってダメになってしまうんです。

ところが理論的宗教、知性的宗教には得てしてそういうのが多い。人間はみ仏の子である。お前さんの中にみ仏がいらっしゃるんだ。お前さんは仏性なんだ、何んにも把われちゃいけないんだ、という。それでわからなくて質問すると、それは把われだ。また何か言うと、それは把われだ！　喝！　て言われちゃう。禅の坊さんなんかいいよ。答えが出来なきゃ喝！　ってすましている。そういうやり方はずるいと思う。非常に不親切ですよ。喝！　って言っているだけだったら、宗教家なんかいらない。

坐れば判る、坐れ！　と言う。坐るのは結構なことですよ。教えるのは形だけ教え、こうやって坐禅を組め、と言う。そんな坐り方を教えたって、なんにもなりゃしない。坐ったって立ったって、そんなことはどうでもよい。

坐るということは、心が神様の位置、仏様の位置に坐ることなのです。それを教えないで、居眠りすりゃバチッと叩かれる。これじゃいくらやったってダメ。眠いのを我慢しているだけなんだから。我慢していることは救われにはならない。我慢したんじゃ絶対ダメ。

あなたははじめから救われている

何もわからないのに、人をめちゃくちゃに宗教に入れる人があります。五人なら五人入れればお前が救われる、とか人数を増やせばお前の功徳になるとか、言われると、まだその宗教がいいんだか悪いんだかわからないのに、無理むり人を引っ張ってきて入れちゃう。入れられた人は災難ですよ。もう抜けられない。人数は増えるけれど、救われている人は一人もいない。何故救われないかというと、人を本当に救おうと思っているのではなく、自我欲望でもって、自分だけのことを考えて、人を入れるからです。自分という立場がなくならなければ、宗教の本当の救われにはならないのです。

いつも自分がある。業の自分がある。業の自分で考えている。救われる、という人だって業の自分が救われるのではありません。業は救われません。業は消えてゆく姿なんだから、救うにも救われるにも消えてしまうんだからね。業そのものが救われることはないのです。業は消えてゆく姿です。業が消えてゆく姿であるというのが判りさえすれば救われたんです。

こう苦しむように現われても、こんな情けない心に現われても、どういう貧乏に現われても、それはみんな消えてゆく姿なんだ、ということは皆さん知ってます。だからどんなに苦しいように見えても、それは表面の心であって、中の心は苦しんじゃいません。中では救われているんだ、ということを自覚している。あとは時が流れるに従って、自分の苦しみが減ってゆく。業の波がかかってきてもまた消えてゆく。

私が言うとおかしいけども、五井先生！ って言ってれば救われるんですよ。ただ時間の問題です。ところが日本人はことに短気で、一年でも二年でもすぐ直りたい。直してもらいたいと思うけども、それは無理です。肉体的には知らないだろうけれど、何生《なんじょう》もかけて長い間、それこそ何千年、何万年という前から積んできた業を、この世で全部払おうというんでしょう。全部浄めてしまおうというのに、一年や二年や三年でもって全部払おうというのが、大体において虫がよすぎる。死ぬまでに払えれば上等だ、と思うくらいで、そんなにかかりませんよ。そんなに焦らないでください。もうおまかせです。

人間というのは神様の子で、誰も彼も一人も迷っていないんですよ。病気の者も一人もいないんです。貧乏な人も一人もいないんです、本当は。自分の業想念が貧乏なんです。業想念行為が貧乏なんであり、苦しみであり、病気なんです。みんなの想いがかかってきますから、私だって年中痛いこともあれば、熱も出ることがあれば、いろいろあるんですよ。けれど病気じゃない。病めども病まずです。ちゃーんと仕事も出来れば、なんでも出来る。なんにも把われないからですよ。

　自分の本当の心とはなんの関係もない。病んでいたって、病んでいるものはなんでもない。迷っていたって迷っているものはなんでもない。悩んでいるものは消えてゆく姿なんですよ。あるものは神様のみ心だけなの。神様のみ心がそのまま生きているんだから、悩もうと悲しもうと、そんなもの知ったことじゃないです。勝手に悩ましておけばよい。勝手に苦しませておけばいい。自分のほうはね。

　ただ人が苦しんでいるのを、業が消えるのよ、勝手にすればいい、ではダメですよ。自分の場合は、勝手に苦しむものは苦しむ。悩むものは悩む。ああ悩みの姿で消えてゆくか、苦しみの姿で消えてゆくか、貧乏の姿で消えてゆくんだなァ、とやっていれば摑まないから、自然に消えてゆきます。それで世界平和の祈りをしていればいいんだから、なんでもない。

消えてゆく姿というものを、ちゃんと見られたら、平和の祈りも何もありゃしない。そのままでもう消えていっちゃうんです。

やっぱり消えてゆく姿というのが根本です。あるもんだと思ったらいけません。現われたもので、消えないものは一つもない。もう全部消えてゆく姿です。

どうして消えてゆく姿が実効力、効果があるかというと、消してくれる神々がいるからです。世界平和の祈りの神々なんです。救世の大光明が、消えてゆく姿だと祈りの中に投げ入れると、ハイ引き受けた、と消してくれるんです。ですからこっちは、守護霊さん守護神さん有難うございます。と言っていればいいんです。世界人類が平和でありますように、と思っていればいい。あとは勝手に消えてゆくんですよ。消してくれるのは守護霊守護神なのです。だからまかせておけばいいのです。それがおまかせなのね。

ところが今までの宗教というのは、全託というのを教えてますよ、おまかせしなさい、と言うんだけれども、どこにおまかせするんだかわからないんですよ。

神様にまかせる、まかせたところで、やってくれるか、やってくれないかわからないでしょう。神様がどこにいるか判らない。まかせるところがないんですよ。本当を言えば、おまかせほどむずかしいものはない。ところが世界平和の祈りが出来てからは、おまかせする場所があるのです。世界平和の祈りの中におまかせすりゃいい。五井先生におまかせすりゃいいでしょう。だから苦しんでも、五井先生！と言えば、私がいいですよ、といって保証してくれる。

木仏、金仏がいるとしましょう。これに向かって何か言ってごらんなさい。返事しないから。おまかせできますか。やってごらんなさい。それではおまかせできないんですよ。そのために生きた肉体がいるのですよ。絶対大丈夫ですよ、時間の問題ですよ、と言われると、ウソかな本当かな、と思ってもですよ、言われないよりはずっと楽ですよ。私たちの言葉は権威がありますからね。あとで文句を言うのは甘ったれているだけなんですよ。

大丈夫ですよ、と言うのは、こっちはもう大丈夫だということがわかっているからです。人間は全部救われている。はじめから全部救われているから「救われる」とアッサリ言えるんです。救われているということを、役目として知らせているだけなのです。

人は業があると、業想念が邪魔をして、救われているのに救われていないような気がするだけなんです。救われていることを知らせるために、業想念を私のほうに貰ってやるだけなのです。

世界平和の祈りをしなさい、五井先生って言いなさい、と言うと、皆さん言いますね。言葉で言わなくたって、頭で思う、心で思う。そうするとその想いが私のほうに入ってくる。入ってくると、私がここでもって（肉体をさして）消してゆくわけです。そうすると、言った人はなんだか明るくなってくる。

たとえば商売なら商売で、つぶれるかつぶれないかわからない。苦しくてどうにもなんない。その時に「先生いかがでしょう」「ハイ大丈夫、あなたはつぶれませんよ」と一言言われてごらんなさい。つぶれるまで安心していますよ。本当の話がつぶれるかもしれない。しかしそれはどうでもいいんだ。つぶれるまで安心している。安心しただけの光が、それだけが要するに自分の財産になるわけなんですよ。同じつぶれるにしても、つぶれるまで、つぶれることにおびえながらつぶれるのと、ああ大丈夫だ、救われているんだ、と思ってつぶれるのでは、つぶれ方が全然違う。本当よ、これは。

それは方便だと言えば方便かもしれない。方便でもいいやね、とにかく神様のほうでは救おうと思っているんだから、苦しませまい、苦しませまいとしているんだから。

実際問題として、ああ先生が大丈夫だ、と言ったから大丈夫だ、と本当に信じたら、つぶれませんよ。つぶれなくなっちゃうんですよ。なぜかというと、つぶれる、という怖れの想いがなくなってしまうからです。つぶれるものごとを持って、神様の中へ〝大丈夫だ〟と全託してしまうんだから、これはつぶれっこないですよ。神様は完全円満なんだから、完全円満の世界へと飛び込んだ者がつぶれるわけがない。

またつぶれたとすれば、それはより以上良い結果となって現われてきます。絶対にそうなんです。

私は、信じなさい、とあんまり言わないいんです。あなたは信じないから悪いんですよ、というと、責めるようになる。責めないために私は言わない。大丈夫だよ、ってニコニコ笑っている。大丈夫かなと疑うように思うけれど、やっぱり大丈夫と思うんですよ。人間なんて面白いものです。

よくあるんです。「先生、本当のことを教えてください。うちの息子はもうダメでしょうか、助かりませんか」と言うんです。「あなたの息子は助からない」と言ったら、そのままキュッて逝っちゃいますよ。それなのに聞こうとする。私は「大丈夫だよ大丈夫」と言いつづける。そうすると「大丈夫なんだな」と言ってまかせる。すると、ダメになるものも助かってしまうんですよ。そういうことも私はやっているのね。

本当のことを言ってもいいけれど、その時は、そのかわり目を廻わして倒れないようにしてください。

大丈夫なんだ、あなたははじめから救われているんですよ、と言う人がここに居るんだから、それは肉体の私が言っているわけではなく、神様が言っているんですよ。

みんな神の子で救われているんだ。神の子が迷っているわけはない。迷っているのは神様から離れた想いが勝手に迷っているんだよ。

でも先生、現実に苦しいのはどういうわけなんですか？

それは迷っている想いが消えてゆくところなのだ。

消えてゆく消えてゆく消えてゆく姿って言うけれど、いつまでも消えないじゃありませんか？

そういう想いも消えてゆく姿なのだ。

そうやっているうちに消えてゆくんです。呑気な商売じゃないんですよ。

宗教には種も仕掛けもない、奥伝もありゃしません。自分の本心は神様から来ているもので、光り輝いているもので、完全円満、迷いなんかないんだ、迷っている想いは、悩んでいる想いは、悲しんでいる想いは、病気や不幸の想いは、それは消えてゆく姿なんです。人間は救われるも救われないもない。はじめっから救われているものなんだ、とただ構わず思うんですね。思えなかったら、思えない想いまでそれを世界平和の祈りの中に入れる。

迷ひ心迷へるまゝに先づなさめ

世界平和を祈る神言《かみごと》

迷ったら迷ったままでいいのです。迷い心は迷えるそのままで世界平和の祈りの中に入っちゃえばいいんですよ。そうすると迷い心はそのまま消えちゃう。

常に祈っていることが大事

だからまず第一番にやることは、この世に現われていることは、みんな消えてゆく姿であると判って、その理解から入ってゆくことです。そうじゃないと業を摑んでしまいます。人間は自分の思っている望んでいることだけを望むわけ。自我欲望です。自分がしてもらいたいことだけを、先生に望むわけ。ところが先生はもっともっと深いことを教えてやりたいのね。もっともっと深い幸福を与えてやりたいと、神様は思っている。それなのに、ちっぽけな想いだけで望むのです。たったこれだけ望んで、それにしがみついて、先生どうぞ止めさしてくださいと言う。止めさせてくださいと言われなくとも、そんなもの止めさせられるのに決まっている。神様は深い深いもっと大事なことを教えてやろうと思っているのに、それをいらないっていう。それでも利益があったあったと喜んでいる。

それもいいでしょうけど、百円や千円もらったってしょうがないやね。どんなにお金をもらったって、健康をもらったって、どんなに家庭の幸福をもらったって、もらわないよりはいい。けれども、それらはやっぱり消えてゆく姿よ。

今、どんなに家庭が幸福であろうと、どんなに財産があろうと、どんなに地位があろうと、どんなに健康であろうと、肉体は死にますよ。何がいったい幸福なのか、本当のいのちを摑まなければならないでしょう。神から来ている永遠の生命を摑まなければ幸福になりませんよ。

神から来ている永遠の生命はどこにあるかと言ったら、世界平和の祈りの中にある。何故、世界平和の祈りの中にあるかというと、世界平和の祈りというのは、神様が人類が平和であることを願っている理念なんです。その中に入っちゃうんだから、永遠の生命につながったことなんだから、何があろうとなかろうと、肉体がなくなろうとなんだろうと、永遠の生命の中で輝きわたっている。しかも個性があって輝いている。それが一番大事なのです。そんな大事なことを教えているんだけれど、耳に入らない。目の前のことばっかり思う。

私時々面白くなっちゃうの。困っている人を目の前にして面白がったりして悪いけれど、この人今は困ったような顔をしているけれど、今に見てな、一年もすると喜んじゃって、先生有難うございます、おかげ様です、なんて言うだろうと思って、こっちはニコニコしていることがあるのよ。今困ったような顔をしている人も救われちゃうでしょう。

全部、救われるに決まっている。だって私が救うんじゃなくて、はじめから救われているんだから、私の役目は業想念と本心とを離して、ハイ業想念向こうへ行け、って離してやるだけなのです。要するに着物を脱がしてやるんだな。あなた裸になりなさい。一枚一枚づつ脱がしてやる。裸にしてやると、パアーッと光り輝いてくるんですよ。

それをみんな裸になりたがらない。夏になりゃ裸になるくせに、業は脱《ぬ》がないんです。これは消えてゆく姿ですよ、と教えているのに、これだけは離しません、と摑んでいる。業想念を持っていれば苦しむのに決まっているのに、ちょっと恥ずかしかったり、体裁が悪かったりすると、押さえているんです。

業想念の一番甚だしいものは何かというと、自分だけを守ろうとする想いなんです。まず自分だけを守りたい、自分一家を守りたい、自分の都合の悪いことはみないやなんです。自分の損になること、金銭的に損になること、地位や名誉に損になること、感情を傷つけられること、これをいやがる。金銭的なことや地位はなんでもない。自分の感情を傷つけられるのは無茶苦茶にいやだ。邪魔にされたり、侮辱されたり、無視されたり、これもいやだ。

神様の世界に感情なんてありません。感情沙汰でやっているんじゃありません。この胸のほうの感情も高いし、ソロバン勘定も高い人がいる。両方で、年中年中、合わない合わないとやって苦しんでいる人があるけれど、合わないのはそりゃ消えてゆく姿だ。

人間の本当の姿の中には、感情に把われるものはないんです。感情に把われているうちは、悟りにならない。あいつは気に入らない顔をした、こっちのほうみて挨拶をしなかった、あいつは私が悪くないのに、こんなことを言った……みんな感情なんですよ。いっぺん考えてごらんなさい。自分の感情がないものとして考えてみるといい。感情がなければなんにも気にさわらないから。

先生、そんなこと言ったって感情がなくなるわけありませんよ、とみんな言うんですよ。それはご尤《もっと》も、なくならないですよ。肉体人間ではなくならない。

そこで私は言うんです。

自分の感情を汚されることはいやだ。自分を傷つけられることはいやです。肉体人間は誰でもそうです。しかしそれではダメで、進歩がない。ではどうすればいいか。今までの宗教家だったら、お前がそういうことを思うから、お前が悪いんだって、こう言う。お前が喜怒哀楽を出しちゃいけないんだ、短気出しちゃいけないんだ。お前さんはどんなことをされても、相手を拝みなさい。こうやるんです。相手は神様だと思って拝みなさい、みんな仏の子だって拝みなさい、とこうやられている。

ところがそれでは感情（勘定）が合わないですね。向こうばっかり悪いことをしているのに、どうして向こうを拝まなきゃならないのか、誰でもそう思うんですよ。ご尤もだけど、出来ない。出来ないじゃ救われない。ところが出来ない。

ではどうしたらいいかというと、いつも言うように、肉体の人間はダメなんだ、ということなのです。肉体の人間は業想念の中では、肉体の人間である自分のことばっかり考えるからね。どうにも肉体の人間というのは救われませんよ。神様とか霊性というものを離れて、肉体の人間だけとしたら、人間は救われません。罪悪深《ざいあくじん》重《じゅう》の凡夫だからね。そういうことを悟ることが第一です。

もっとも私たちのところへ来ている人たちは、自分だけじゃだめだと思って来ているに違いない。それは第一歩の救われなのです。そう思える時が現象的に救われた時なのです。肉体人間じゃだめだ。自分じゃだめだ、と思って、そのダメなものを全部投げ出すんですよ。

といってはじめから全部投げ出せません。そこで迷ったままでいい、喜怒哀楽があるままでいい、怒りの心があっても、妬みの心があってもいい。そのままでいいから、なんでもいいから、世界平和の祈りをやってごらんなさい。しぶしぶでも、おかしくてもやっているうちに、世界平和の光が流れてゆくんです。

ラジオの英語講座をやっているとする。英語が聞こえてくる。聞いてなくても聞こえてくる。そうすると耳はいつの間にか一語でも二語でも聞くと覚えます。それと同じように世界平和の祈りの中へ、怒りの想いがあっても妬みの想いがあってもいい、パッとスイッチをきりかえて、そのままやっていると、世界平和の祈りの中へズーッと入ってしまうんですよ。こちらでも五井先生が応援してましょう。どんどん押し上げてゆくわけだからね、知らない間に、自分では大して意気張ってやってもいないし、信仰深くやっているわけでもないけれど、仕方なくやっているみたいにやっているうちに、本物になってくる。みんなそうなんです。

理屈で教わったんじゃ判らないけれど、知らないうちに判ってくる。消えてゆく姿というのがだんだん判ってくる。そうすると自分がムラムラと来た時に、ああこのムラムラも消えてゆく姿だと思います。自然とムラムラが消えちゃうんです。本当にむら雲なんだからね。

月にむら雲花に風、という言葉があるけれど、月は皎々《こうこう》と輝いている。月は曇りっこないんですよ。曇っているのは月自身じゃなくて、むら雲がかかるだけなんです。そのむら雲のほうを自分の心だと思っている。それでむら雲を一生懸命摑まえて、私は出来ません、先生そうおっしゃったって無理でしょう、とやっているんです。このむら雲を離しさえすれば、スッと消える。自然に消える。消してくれるのは何かというと、風が吹いて消してくれるんです。この風というものが神様守護霊守護神の力なんです。

だから迷い心があったままでいいから、世界平和の祈りをやっていると、神様の力が働いて、迷いを消してくれる。するといつの間にか、だんだん晴れてくる。なんでもないことにも、救われているということを自覚するようになるのです。

迷い心というのは自分にくっついているもんじゃないのです。ところが感情が出てくると、自分がぴったりくっついちゃったような気がするんですよ。妬み心がくっついちゃって、自分から離れないような気がする。このままじゃ離れませんよ。それで五井先生を思うとか、世界平和の祈りをする。怒り心頭に達したら達したまで、祈りに持っていってしまう。こんな怒った心で世界平和の祈りが出来ないと思うけれども、そうじゃない。世界平和の祈りをしようと思う時には、もう世界平和の中に入っているんです。五井先生を思おう、という時にはもう思っているんです。思おうとしている時には、もう想いが出てきているんです。それで世界平和の祈りの中へスーッと入っていってしまうと、祈りの中で怒りが離れてしまうのです。そして消えてしまう。そうするとパッと目が覚める。

怒りがちょっと出た時、さびしいなァという想いがちょっと出た時、ああ業想念がかかってきたと、五井先生のほうへやっちゃうんですよ。かかってきた途端、五井先生のほうにやるんです。そうするとパッパッと消えるんです。だから業想念がかぶってくる途端にやるのが一番なのですよ。

だから常に祈っていることが大事です。常にやっていれば、かかってきても大丈夫ですよ。短い期間にとれます。やっぱりむら雲だからね。むら雲が年中あるんだから、スーッとかかりますよ。どんなに悟ったように見えた人だってかかってくる。かかってきても、かかった雲のほうにいかないだけなんです。

私のところだってたくさんかかってきますよ。寝る前なんか足がグッグッと動くように、想いがいっぱいかかってくるんです。そんなの勝手にさしておくだけです。自分の本心とは関係ないんだから、業想念が消えてゆく姿だから。自分の本心はただ光り輝いて、照らしていればいいのです。そうすれば必ず消えるんです。それを人は照らさないだけなんです。実は照っていないと思っているんだな。ところが人間は、年中照って光り輝いているんです。それを霊光写真が現わしている。

みんな自分は霊光写真のような光ではないと思ってるんですね。五井先生はそうだろうけれど、自分たちはそうじゃない、と思っている。そんなことはない。人間全部同じなんだから、人間全部神の子なんだから、誰だって光り輝いている。だからやっぱり、光り輝いている中に自分が居るんだ。光り輝いているものなんだ、という自覚を持つことなんです。その自覚を持つために、平和の祈りをしていると知らない間に光り輝いてくる。権兵衛が種蒔《たね》けば烏がほじくる、というけれど、いくらほじくられても、続けて蒔いていれば、その種は実になってくるんです。種を蒔けば必ず生えるのです。どんなにほじくられても、あかずに種を蒔いていると、一つの種が落ちれば実がなるんです。そういうふうにつねにやることが大事ですね。

救われていることは確かなんだけれど、自覚が足りないだけです。自覚するためには、自覚を邪魔している業想念を消さなければならないでしょう。ところが自分では消せないから、肉体ごと全部、神様の中に入れちゃう。世界平和の祈りをすればいい。世界平和の祈りの中に入ってゆくと、自分が輝くと同時に、世界人類が輝いてくるんです。きわめて簡単な話です。

決して責めない生き方

いつも世界平和の祈りの中に入るようにしていると、人を責める想いがなくなります。人がどんなに悪く見えても、ああそれは業想念が消えてゆく姿だな、と自分を責める想いもなくなります。ああこれは消えてゆく姿だな、ということは瞬間的に判るんです。そうすると想いが出てきても、直ぐ消えます。

この世に生きている間は、いろんな波があるから波がかかってきます。この世の中にいるんだから、かかってこない人はいないんです。かかってくるけれども、かかってくるむら雲にひっかかっちゃうか、把われないで離れるか、という違いがあるだけです。

宗教の極意は何ものにも把われない、ということです。何ものにも把われないで空《くう》！　といったって何にも思わないという人なんかいない。私はそういう練習をさんざんさせられたから、何も思わないけれど、普通の人にそんなことを言ったってって無理でしょう。そしたらどうしたらいいかと言ったら、悪い想いのほうにくっつかないで、良い想いのほうにくっついたらいいでしょう。良い想いの最高のものは何かと言えば、世界平和の祈りです。だから繰り返すけれど、世界平和の祈りの中へ入ったほうがいい。

ああ明日の米をどうしよう、明日のなんとか、と思うよりも、世界平和の祈りの中へ入っていれば、おのずから自然に動くのです。普通の人は、歩くんでも何をするんでも、自分でやっているように思うんですね。実は自分の肉体は勝手に動いているわけじゃないんです。この肉体が動くまでには、心臓を動かしている力が働き、肺臓を動かしている力が働き、胃腸を動かしている力が働き、足を動かす力が働き、すべての力が働き、総合の力となって動いているんです。それを自分が動いている、と思っているんだね。これが大間違いよ。

自分の肉体がどうして勝手に動けますもんですか。動かすものは内部の生命力でして、いのちの力が動かす。いのちの力というのは、どこから出ているかというと、神様から出ている。神様から出てくる力が動かしているんだから、たとえば間違ったようなことをしても、ああそれは神様が消えてゆく姿としてさせたんだ、ということになって、神様に感謝をすれば、二度と再びそういう間違ったことはしなくなります。

すべての行ないが神様から来て、いいことだったら神様がそのまま出たんだし、悪いことだったらそれは消えてゆく姿なんだし、両方、神様の力にしなきゃダメね。すべて神のみ心の現われです。

人はみな神の光りのひとすじと
　知りて生きなば明るきものを

で、みんなすべて神様から出ているものだ、というように思うことなんです。そういう想いというのは練習だから、数多くやっているうちに、知らないうちに出来ます。だから練習はよけいやったほうがいい。よけいにやって固くならないことです。

この世を生きてゆく最上の方法は、固くならない、いきばらないこと、ふんわりと、明るく大らかに、のびのびといのちを生かしてゆくことです。

それには、神様がすべてを知っていらっしゃる、神様のいのちが自分に生きて、自分は神様の光の一筋として生きているんだな、といつも思うことです。

神様がやってくださるんだから、失敗したら失敗したでいい、失敗をくよくよ悔《くや》まないで、これで業想念が消えていったんだな、神様、どうか私の天命を完うせしめ給え、世界人類が平和でありますように、と祈って生きてゆくこと。

また失敗したら失敗したで、ああこれは消えてゆく姿なんだ、神様有難うございます、もう二度と失敗いたしません、世界人類が平和でありますように、と祈りにきりかえてゆく。そうすると失敗がなくなってくる。把われがなくなってくる。

把われをなくす方法は、いちいち自分の想いを掘りかえし、探って分析しない。これでいいのかしら悪いかしらと、いちいち自己批判し、思慮分別して把われていたら、明るくなりません。大らかになりませんよ、把われがなくなると大らかに、生き生きして、明るくなるんです。

把われのある宗教者を見てごらんなさい。固まってガチガチだから。世間話も出来ない。たとえば「暑いですね」ああ暑いと言っては神様に申し訳ない。「寒いですね」ああお天道さまに申し訳ない、こうやられてごらんなさい。苦しくて生きてゆけませんわね。不平も言えないや。「毎日雨で困りますなぁ」いや困りません。これも神様のご慈悲です。こんなふうにいちいちやられたら話が出来ません。それが把われなんです。

暑い時には涼しいほうがいい、寒い時には暖かいほうがいい、雨が降って都合の悪い時は都合が悪いんだ。人間当たり前なんだ。そういう当たり前の心を無視してはいけません。それはそのままませておくんですよ。自然でいいんです。ただ心の中に不平不満がないこと。それには、神様がすべてやってくださるんだ、ということ、そして神様の中へ入ってしまう。

コチコチになったらダメですよ。神様は完全円満なんだ、ということになると、病気をした場合、自分の心が悪い悪いと責めたらばダメですよ。この世の生活はみんな自分の想いが現われてくるんだから、自分の間違いが現われてくるんだ、というようにやったらば、やっぱり苦しいです。それは真理であっても、人を苦しめることになれば真理でなくなる。ちょっとどうかすると、どこか間違いがあったかしらと、いちいち面倒くさい。自分も責めるし、人も責める。そういうような面倒くさい人とは一緒に住みたくないよ。

自分の女房が宗教家になっていて、夫の心をいちいち責めるようなことを言ってごらんなさい。言わなくても、心で思っていれば目に現われるから、へんな顔になるから。それでいちいち言われてごらんなさい。一緒に住みたくなくなるよ。他にいい人を作ったほうがいいものね。だから宗教を一生懸命やっているような女性の旦那さんが、案外、家に寄りつかなかったりする場合があるんです。何か自分の欠点を見つけられそうで、面倒くさいんですよ。そんなことではいけません。

それで私は自分を赦し人を赦し、自分を愛し人を愛し、すべての想いは消えてゆく姿なんだね。そうやっていると楽です。呑気で、こういう教えなら、みんな責められないなと思いますものね。旦那さんだって消えてゆく姿だもの。そうすると自然に仲良くなっちゃうんですよ。

すべて悪と現われるものも、迷いと現われるものも、失敗と現われるものも、みんな消えてゆく姿で、その人がやったんじゃない、あの人でも誰がやってもなくて、業想念が消えてゆく姿なの。そうすると本当の姿が現われてくるんです。神様の姿、本当の自分の姿が現われてくる。

人を責めさばき、自分を責めさばいているうちは現われません。自分を責めてもダメ、人を責めてもダメ、世の中を責めてもダメ、みんな消えてゆく姿です。消えてゆく姿が成就すると、地上天国が現われてくる。それを判らせるために世界平和の祈りをしているわけなのです。

問　先祖が神道をやっていましたら、子どもは仏教を信仰してはまずいんでしょうか。また先祖が仏教なのに、子どもがキリスト教に改宗していることは、先祖がいやがるものでしょうか?

答　因縁的にはそうなんですよ。おじいさんが神道をやっていたとします。子どもがキリスト教に変わるようになると、おじいさんが迷っているうちは、信仰を変えたことに反感を持つんです。そのような想いが子どもや孫にかかってきて、何かうまくいかない場合があるんです。だからうかつに、何をやってもいいというわけじゃない。それはよくあることです。

しかし世界平和の祈りならありません。神道であろうと、キリスト教であろうと、仏教であろうと、世界平和の祈りに反対する想いはないから、たとえ迷っている人であっても、世界平和というのは誰でも思うんだから、それで世界平和の祈りは楽だというのですよ。たとえば神道でズーッと来た人がある。それで亡くなる場合には、やっぱり祝詞《のりと》が聞こえてくる場合があるのです。だから祝詞で結構なのです。

祝詞と世界平和の祈りは同じなのです。キリスト教の主の祈りと世界平和の祈りとは同じなんです。仏教の法華経と世界平和の祈りとは同じなんです。何故同じかというと、みんな神様のみ心の中心なんですよ。法華経も中心、神道の祝詞も中心、世界平和の祈りも中心。言葉が違うだけなのね。それならば一番やさしく判り易いのがいい。自分も納得し、亡くなった人も納得し、それから世間の人も納得するような祈りが一番いいですよ。そこで世界平和の祈りがいいと思う。

私はキリスト教なんですけども、主の祈りと一緒に世界平和の祈りをやってよござんしょうか？「ああ一緒にやって結構です」。お題目と一緒にやってよござんすか？「ああ一緒にやって結構です」。南無阿弥陀仏とか一緒にやって……「ああ結構です」。祝詞と「ああ結構ですよ」。何をやったって構わない。世界平和の祈りをやれば同じことなのです。

ただ世界平和の祈りは、現代の宗教として鳴りひびいているものです。他のものは、いろんなふうに悪用した場合がたくさんある。南無妙法蓮華経は随分悪用されて使われている。南無阿弥陀仏も悪用されて、念仏で地獄に落ちた人もたくさんあるし、題目で地獄に落ちた人もたくさんある。けれど世界平和の祈りをして、地獄に落ちている人は一人もいない。要するに垢がついてない。世界平和の祈りはニューフェイスです。他のは功徳もあったろうけれど、垢もついた。なるべく垢のつかないほうがいい。

新しい酒は古い皮袋に入らない、というように、うちは入るけれど、やっぱり新しい着物を着て、新しい化粧をして現代は生きたほうがいいです。それにわかりやすい。だから世界平和の祈りをしなさい。と言うのです。何もお題目をやっちゃいけない。念仏をやっちゃいけない。祝詞をあげちゃいけない、なんて私は言っていない。世界平和の祈り一つをやったほうが楽だろうというのね。

長々とお経を一時間も上げていたんじゃ仕事にならないよ。世界平和の祈りならわけはないですものね。世界平和の祈りも順序よく、世界人類が平和でありますように、日本が平和でありますように、私たちの天命が……とやる必要はないんですよ。世界平和の祈りという想いになればいいんだから。楽なもんですよ。そうすればスイッチを入れたと同じで、神様のほうから光を投げかけてくれるんだからね。それで実際に効果がある。面倒くさかったら、五井先生！　と言やぁいいんだ。

今、柳生さんのお話、後ろのほうに聞こえましたか？　もう一遍、私がいいますと、柳生さんを法華経に導いた人があって、その人は四十何年もやっている。法華経というのは法華経以外のことをやると、法を犯すといって、法罰を受けるということになっているんですね。その人はそれを怖れていて、世界平和の祈りがいいということがわかって、法華経と同じだということがわかっていながら、入れなかった。柳生さんが良いか悪いか、あなたの守護神さんに聞いてごらんなさい、と言ってきかせたわけだ。その人は耳に聞こえてくるわけね。そして祈ったんです。そしたら守護神がそれは法を犯すものじゃない、いいから入んなさい、おやんなさい、と告げたんですって。それで会に入ってきた人もある、という話なんです。守護神としては当たり前、その人がわかったことは偉いんだね。

罰を当てる宗教なんてあるわけがない。罰を当てるというのは、自分の想いが勝手に罰を当てる。お題目じゃなければいけない、と思っている想いが、勝手に罰を当てるんです。お題目じゃなければいけない、なんていうことはない。自分の想いが神様の中に入りさえすればいいんだから。想いが入っているということは、行ないも自然に神のみ心になっているんです。想いだけ入って、行ないがなっていない、なんていうことはない。

なんでもいいから、神様のみ心の中、仏様のみ心の中に自分の想いが、いつも入って、しかも明るく朗らかに、柔和な気持ちで生きていられれば、その人は素晴らしい。言葉でもって念仏や題目や世界平和って、言わなきゃならない、というもんじゃない。なんでもいいから、想いが神様の中に入っていればいい。ところが神様の中へ入るために、一番いいのがやっぱり世界平和の祈りなのね。

世界平和と言わなくても、五井先生って言えば入っちゃうんだから楽だよね。私が言うとおかしいようだけれど、五井先生というのは神様の名前が集まった名前なんで、肉体は無で入れ物なんです。だから私がいつも言うでしょう。肉体というのは、みんな同じですよって。自分は神の子であることを、自覚した人としない人の差があるだけです。

自覚すれば自覚したものが現われてくる。自覚しないうちは、しないだけが現われてくる、というだけであって、神様の中へ、みんな入れるんです。入れるではなくて、入っているんです。ただ想いが別途になったものが業想念になっているけれど、それが入りさえすればいい。誰だって神の子なの、誰だって仏の子なの。ただ仏の子じゃない、って頑張っているだけなの。私なんかダメですよ、神の子の資格なんかありませんって。誰が資格を与えるのか、神様が与えるんです。自分で勝手につくっちゃダメですよ。

決めるのは神様であって、自分で勝手にダメだ、いいんだと決めちゃ困るんですよ。それを大概決めちゃう。そういう想いは消えてゆく姿です。

私が教えたいのは、みんな神の子なんだ、ということです。他のことは一切要らないんです。みんな神の子になって、神の子の行ないをこの世に現わしてさえいれば、私は満足で、さよならって帰っちゃうんですよ。

参考資料

人間と真実の生き方

人間は本来、神の分霊《わけみたま》であって、業生《ごうしょう》ではなく、つねに守護霊《しゅごれい》、守護神《しゅごじん》によって守られているものである。

この世のなかのすべての苦悩は、人間の過去世《かこせ》から現在にいたる誤てる想念が、その運命と現われて消えてゆく時に起る姿である。

いかなる苦悩といえど現われれば必ず消えるものであるから、消え去るのであるという強い信念と、今からよくなるのであるという善念を起し、どんな困難のなかにあっても、自分を赦《ゆる》し人を赦し、自分を愛し人を愛す、愛と真《まこと》と赦しの言行をなしつづけてゆくとともに、守護霊、守護神への感謝の心をつねに想い、世界平和の祈りを祈りつづけてゆけば、個人も人類も真の救いを体得出来るものである。

世界平和の祈り

世界人類が平和でありますように
日本が平和でありますように
私達の天命が完《まっと》うされますように
守護霊様ありがとうございます
守護神様ありがとうございます

〈宇宙神—直霊—分霊について〉

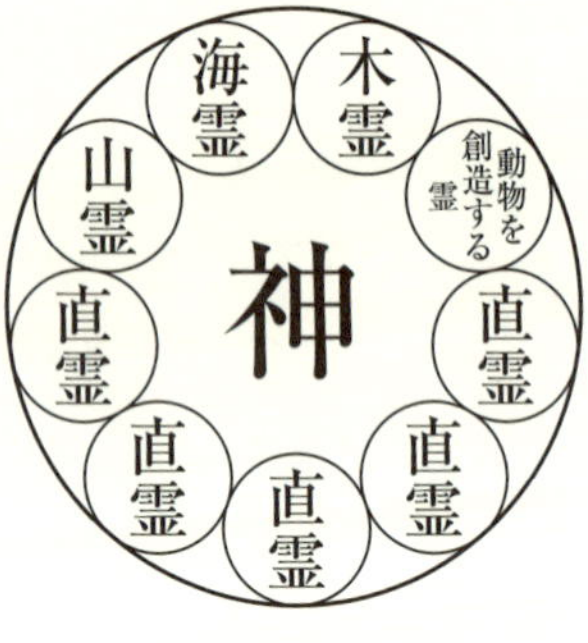

第1図

宇宙神（大神様）は、まず天地に分かれ、その一部の光は、海霊《うみだま》、山霊《やまだま》、木霊《こだま》と呼ばれ、自然界を創造し、活動せしめ、その一部は、動物界を創造し、後の一部の光は、直霊《ちょくれい》と呼ばれて、人間界を創造した。（第1図）直霊は、各種の光の波を出し、霊界を創り、各分霊《ぶんれい》となり、各分霊が直霊より分けられた光（心）により創造力を駆使して幽界、肉体界を創造した。その過程において、各分霊は、自ら発した念波の業因《ごういん》の中に、しだいに自己の本性を見失っていった。

そこで、直霊は自己の光を分けて、分霊たちの守護神となし、守護神は、最初に肉体界の創造にあたった分霊たちを、業因縁《ごういんねん》の波から救い上げた。この分霊たちは、守護霊となり、守護神に従って、ひきつづき肉体界に働く後輩の分霊たち（子孫）の守護にあたることになった。そして分霊の経験の古いものから、順次、守護霊となり、ついには各人に必ず一人以上の守護霊がつくまでになって、今日に及んでいる。（第2図）

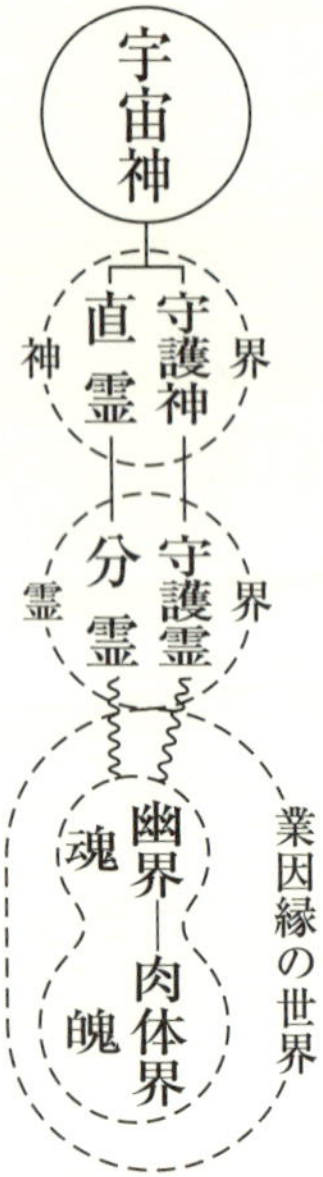

第2図

著者紹介：五井昌久（ごいまさひさ）

大正５年東京に生まれる。昭和24年神我一体を経験し、覚者となる。白光真宏会を主宰、祈りによる世界平和運動を提唱して、国内国外に共鳴者多数。昭和55年８月帰神（逝去）する。著書に『神と人間』『天と地をつなぐ者』『小説阿難』『老子講義』『聖書講義』等多数。

発行所案内： 白光（びゃっこう）とは純潔無礙なる澄み清まった光、人間の高い境地から発する光をいう。白光真宏会出版本部は、この白光を自己のものとして働く菩薩心そのものの人間を育てるための出版物を世に送ることをその使命としている。この使命達成の一助として月刊誌「白光」を発行している。

白光真宏会出版本部ホームページ　http://www.byakkopress.ne.jp
白光真宏会ホームページ　http://www.byakko.or.jp

講話集２　みんな救われている

平成二十二年四月二十五日　初版

著　者　五井昌久
発行者　平本雅登
発行所　白光真宏会出版本部
〒418-0102　静岡県富士宮市人穴八一二—一
電　話　〇五四四（二九）五一〇九
ＦＡＸ　〇五四四（二九）五一一二
振替　〇〇一二〇・六・一五一三四八

東京出張所
〒101-0064　東京都千代田区猿楽町二—一—十六　下平ビル四〇一
電　話　〇三（五二八三）五七九八
ＦＡＸ　〇三（五二八三）五七九九

印刷所　加賀美印刷株式会社

ISBN978-4-89214-195-9 C0014

白光出版の本

ワーズ・オブ・ウィズダム
～心のノート～

西園寺由佳

定価　一六八〇円　〒290

日々浮かんでくる〝どうして？〟〝なぜ私が？〟という疑問。でも、ちょっと見方を変えたら、その答えは自分の中にあることに気づくはず。誰の心の奥にも宇宙の叡智とつながった〝本当の自分〟が存在しているのだから……。人生の見方を変えるヒントが一杯つまった、心を輝かせるフォトエッセイ集。

心の中の足あと

西園寺由佳

定価　一八九〇円　〒290

この本の中の、愛と平和のひびきを通して、そこに存在するシンクロニシティーの場を感じていただけたら嬉しいです。瑞々しい筆致で綴られたエッセイと世界中の若者たちの写真が、今という時代を共に生きる一人一人に大切なメッセージを語りかけます。

自分の力で輝く

西園寺真妃

定価　一六八〇円　〒290

あなたはどちらですか？　月のように他の光で輝く人と、太陽のように自分で輝く人。この本には、自分の力で輝くためのヒントと方法がちりばめられています。どんな人も自らの力で輝けるのです。輝いてみようと思い、試してみればいいのです。

いとおしい生命《いのち》
―私たちは天国からの使者

西園寺里香

定価　一六八〇円　〒290

どんな人でも日常のあらゆる感情と向き合い、祈りに変えれば、生命はイキイキと輝きはじめる。人生とは天国に続く物語なのだから――。心が次元上昇する書。

＊定価は消費税5％込みです。